2024年国家法律职业资格考试

刑法观点展示

主观题专项突破

卢 杨◎编著

XINGFA
GUANDIAN ZHANSHI
ZHUGUANTI ZHUANXIANG TUPO

中国政法大学出版社

2024·北京

《《《 厚大在线 》》》

八大学科学习方法、新旧大纲对比及增删减总结、考前三页纸等你解锁。

硬核干货

法考管家

法考公告发布、大纲出台、主客观报名时间、准考证打印等，法考大事及时提醒。

备考阶段计划、心理疏导、答疑解惑，专业讲师与你相约"法考星期天"直播间。

定期直播

新法速递

新修法律法规、司法解释实时推送，最高院指导案例分享；牢牢把握法考命题热点。

图书各阶段配套名师课程的听课方式，课程更新时间获取，法考必备通关神器。

免费课堂

职业规划

了解各地实习律师申请材料、流程，律师执业手册等，分享法律职业规划信息。

≡法考干货 ≡通关神器 ≡法共体

▷ ○ □

《《《《 更多信息 关注厚大在线

HOUDA

代总序
做法治之光
——致亲爱的考生朋友

如果问哪个群体会真正认真地学习法律，我想答案可能是备战法考的考生。

当厚大的老总力邀我们全力投入法考的培训事业，他最打动我们的一句话就是：这是一个远比象牙塔更大的舞台，我们可以向那些真正愿意去学习法律的同学普及法治的观念。

应试化的法律教育当然要帮助同学们以最便捷的方式通过法考，但它同时也可以承载法治信念的传承。

一直以来，人们习惯将应试化教育和大学教育对立开来，认为前者不登大雅之堂，充满填鸭与铜臭。然而，没有应试的导向，很少有人能够真正自律到系统地学习法律。在许多大学校园，田园牧歌式的自由放任也许能够培养出少数的精英，但不少学生却是在游戏、逃课、昏睡中浪费生命。人类所有的成就靠的其实都是艰辛的训练；法治建设所需的人才必须接受应试的锤炼。

应试化教育并不希望培养出类拔萃的精英，我们只希望为法治建设输送合格的人才，提升所有愿意学习法律的同学整体性的法律知识水平，培育真正的法治情怀。

厚大教育在全行业中率先推出了免费视频的教育模式，让优质的教育从此可以遍及每一个有网络的地方，经济问题不会再成为学生享受这些教育资源的壁垒。

最好的东西其实都是免费的，阳光、空气、无私的爱，越是弥足珍贵，越是免费的。我们希望厚大的免费课堂能够提供最优质的法律教育，一如阳光遍洒四方，带给每一位同学以法律的温暖。

没有哪一种职业资格考试像法考一样，科目之多、强度之大令人咂舌，这也是为什么通过法律职业资格考试是每一个法律人的梦想。

法考之路，并不好走。有沮丧、有压力、有疲倦，但愿你能坚持。

坚持就是胜利，法律职业资格考试如此，法治道路更是如此。

当你成为法官、检察官、律师或者其他法律工作者，你一定会面对更多的挑战、更多的压力，但是我们请你持守当初的梦想，永远不要放弃。

人生短暂，不过区区三万多天。我们每天都在走向人生的终点，对于每个人而言，我们最宝贵的财富就是时间。

感谢所有参加法考的朋友，感谢你愿意用你宝贵的时间去助力中国的法治建设。

我们都在借来的时间中生活。无论你是基于何种目的参加法考，你都被一只无形的大手抛进了法治的熔炉，要成为中国法治建设的血液，要让这个国家在法治中走向复兴。

数以万计的法条，盈千累万的试题，反反复复的训练。我们相信，这种貌似枯燥机械的复习正是对你性格的锤炼，让你迎接法治使命中更大的挑战。

亲爱的朋友，愿你在考试的复习中能够加倍地细心。因为将来的法律生涯，需要你心思格外的缜密，你要在纷繁芜杂的证据中不断搜索，发现疑点，去制止冤案。

亲爱的朋友，愿你在考试的复习中懂得放弃。你不可能学会所有的知识，抓住大头即可。将来的法律生涯，同样需要你在坚持原则的前提下有所为、有所不为。

亲爱的朋友，愿你在考试的复习中沉着冷静。不要为难题乱了阵脚，实在不会，那就绕道而行。法律生涯，道阻且长，唯有怀抱从容淡定的心才能笑到最后。

法律职业资格考试不仅仅是一次考试，它更是你法律生涯的一次预表。

我们祝你顺利地通过考试。

不仅仅在考试中，也在今后的法治使命中——

不悲伤、不犹豫、不彷徨。

但求理解。

厚大®全体老师　谨识

序 言
PREFACE

摆在你面前的是一本很特殊的书，可能很多考生觉得惊奇，居然将刑法中存在不同观点的问题专门汇编成一本书，真的有必要如此大费周章吗？在法考中，刑法这一科目本身就有点特殊。首先，无论是在客观题还是在主观题中，均会考查针对同一问题的不同观点，这一点在主观题中体现得更为明显；其次，无论是客观题还是主观题，都以日常生活中常发的案例作为试题材料，尤其是主观题，其更加具有实务性。

一、掌握刑法观点展示的必要性

为什么刑法主观题考试中会出现大量的观点展示问题呢？一种情况是法考对纯理论问题的考查，如法定符合说、具体符合说等；另一种情况是命题人的观点与实务案件的结论有所不同，如帮助信息网络犯罪活动罪、信用卡诈骗罪的认定等。

有种看法为，学习刑法不过就是为了考试而已，没必要专门针对观点展示这个区块花时间，我们只要学习刑法中那些基础知识就好，对于观点展示，可以摆在"半放弃"的位置。这种看法绝对是错误的，原因在于：

1. 很多观点展示涉及的内容与上下游的基础知识点紧密相关，如果不掌握观点展示涉及的内容，那么就会连带无法学习、掌握其他基础知识点。"认识错误"就是此类型的代表。

2. 从考试内容上来说，虽然客观题中专门考查观点展示的题目不是很多（但每年都有），但是近年来的主观题几乎都考查了观点展示，如果不学好观点展示这部分，刑法这道题多半会成为法考通关的拖后腿题目。

3. 刑法中的观点展示代表一种思维方式，是我们学习刑法乃至其他科目必须具备的素养，即逻辑分析推理能力。如果完全不具备这个能力，也很难学好其他科目，法考通关只会倍加艰辛。

4. 对于将来最终要从事实务工作的考生来讲，刑法极大概率会与各位将来的工作产生联系，甚至会成为各位的"饭碗"。试想一下，一个刑法学得到处都似是而非的法律职业人，与一个针对不同观点具有逻辑分析推理能力的法律职业人相比，谁未来的职业道路会更具有优势？这是不言自明的。

总之，可以说，刑法通关的"任督二脉""关键节点"就是观点展示，没有观点展示的刑法是"假"的刑法，是没有入门的刑法，是无论考试还是实务工作均不够用的刑法。要想真正学好刑法，就得掌握好观点展示这一技能。

二、本书的特点

1. 结构清晰，重在应试。本书在结构上分为两大部分：前半部分结合了2024年的最新考情，将最有价值的42个观点展示问题进行总结梳理，并对重要的语句进行了加蓝色波浪线显示；后半部分是12道仿真高质量模拟题，考生可通过模拟题来演练相关知识点的考法、写法，并对部分基础知识进行补充总结。

2. 考情分析，真题演练。本书既有以表格的形式对各观点展示问题涉及的考情进行的统计列明，又有对历年真题的重新整理、筛选。在此需要特别提醒的是，不宜刻意划分客观题与主观题中观点展示的界限，两种题型中的观点展示往往是同一的。

3. 写作模板，重点标识。本书凡是涉及题目的部分，均明确给出"主观题标答"或"参考答案"，并分别采取了关键语句波浪线标示、采分点进行标注的措施，目的就是让各位考生能知道采分点在哪儿，如何精准答题，以及明确自己的答案与写作模板相比有哪些进步空间。

4. 考查角度，特别提醒。本书针对每个观点展示问题均设置了"卢卢提

"，部分内容附加"补充提醒"，用以提示可能考查的角度以及需要特别注意的问题，让考生能够对相关的重要、核心知识点迅速定位，一目了然。

三、其他需要说明的问题

问题1：如果是备考刑法科目主观题，这本书够用吗？

答：完全够用。

（1）现在的主观题以考查观点展示为主，本书涵盖了所有重要的观点展示内容，即使考试中意外出现了本书未直接总结的内容，考生也能通过现有内容进行推理作答；

（2）本书除了有观点展示内容外，还包含了大量基础知识，可以说是相当全面了；

（3）相对于其他科目而言，刑法得分率本身就较低，在有限的备考时间中，掌握本书中涉及的内容就完全够用了。

问题2：如果是备考刑法科目客观题，这本书可以使用吗？

答：当然可以。

（1）本书中的绝大部分观点展示问题均是在客观题备考中也理应重点掌握的内容，众所周知，客观题的考点与主观题的考点不存在截然不同的情况；

（2）在客观题考试之前提前了解、熟悉主观题的考法、写法，可以为通过客观题之后高效利用有限时间备考主观题抢占先机。

福利： 凡购买本书的同学，免费赠送配套视频讲解课程，可扫码获取。

扫码加微信 获取听课权限

卢 杨

2024年5月

C 目 录
CONTENTS

观点展示 1　危害行为的有意性

考情提示

年　　份	题　　　　型	
	客观题	主观题
×	×	

考点总结

危害行为，是指行为主体实施的客观上侵犯法益的身体活动。危害行为具有如下特征：

1. 有体性（思想"犯"不能成为刑法的评价对象）——身体的动静。行为是人的身体活动，包括积极活动与消极活动。前者是指行为人实施了法律禁止的行为；后者是指行为人没有实施有义务实施的行为。

2. 有害性。行为必须是客观上侵犯法益的行为，这是行为的实质要素。构成要件所规定的行为，都是侵犯法益的行为。由于法益侵犯性是行为的实质要素，故没有侵犯法益的行为被排除在行为之外，因而被排除在犯罪之外。

3. 有意性。对于危害行为是否要求具有有意性，存在不同观点：

（1）有观点认为危害行为要求具有有意性，危害行为必须是行为主体有意识地实施行为，无意识的行为不属于危害行为。

（2）有观点认为危害行为不要求具有有意性，危害行为属于客观的构成要件要素，与行为人是否有意识无关。因此，人的身体反射动作、睡梦中的举动（梦游）等无意识的行为也属于危害行为。

卢卢提醒

本考点的核心问题是无意识的行为是否具有违法性。比如，阻止梦游者的杀人行为，如果认为危害行为必须具有有意性，那么，由于梦游者的杀人行为不属于危害行为，该阻止行为成立紧急避险；如果认为危害行为无需具有有意性，那么，梦游者的杀人行为属于危害行为，该阻止行为成立正当防卫。

✍ 写作训练

乙不知道自己患有癫痫病，某日驾驶机动车时癫痫病发作，导致机动车驶入人行道，此时正值当地幼儿园放学，情势非常危急。某学生家长甲见状赶紧上前破窗阻止车辆运行，导致乙受轻伤。事后查明，乙在癫痫病发作时完全没有意识。

问题：甲的行为如何定性？

[主观题标答]

（1）观点一：如果认为危害行为不要求具有有意性，本案中乙的行为可以评价为正在进行的不法侵害，甲采取措施对乙的不法侵害实施反击的行为属于正当防卫，即使造成乙轻伤，也仍在防卫限度内。

（2）观点二：如果认为危害行为要求具有有意性，本案中乙的行为不可以评价为正在进行的不法侵害，但可以评价为正在发生的危险，甲采取措施对乙的危险行为实施反击的行为属于紧急避险，即使造成乙轻伤，也仍在避险限度内。

观点展示 2　正当防卫中不法侵害人的范围

考情提示

年　份	题　　　型	
	客观题	主观题
2014 年	多项选择题第 52 题	×
2008 年	不定项选择题第 93 题	
其他年份	×	

考点总结

1. 对于正当防卫中的不法侵害人是否要求达到刑事责任年龄、具有刑事责任能力，存在不同观点：

（1）观点一：通说认为，正当防卫中的不法侵害人不要求达到刑事责任年龄、具有刑事责任能力；

（2）观点二：有观点认为，正当防卫中的不法侵害人要求达到刑事责任年龄、具有刑事责任能力。

2. 根据 2020 年 8 月 28 日起施行的《最高人民法院、最高人民检察院、公安部关于依法适用正当防卫制度的指导意见》第 5、7 点的规定：

（1）成年人对于未成年人正在实施的针对其他未成年人的不法侵害，应当劝阻、制止；劝阻、制止无效的，可以实行防卫。

（2）明知侵害人是无刑事责任能力人或者限制刑事责任能力人的，应当尽量使用其他方式避免或者制止侵害；没有其他方式可以避免、制止不法侵害，或者不法侵害严重危及人身安全的，可以进行反击。

📝 **卢卢提醒**

本考点的核心问题是正当防卫中的"不法侵害人"是否要求"达到刑事责任年龄、具有刑事责任能力"。

[补充提醒] 对自己招致的针对本人的危险（例如，甲的行为引起了对甲本人生命、身体等的危险）能否实行紧急避险?[1]

（1）肯定说认为，虽然不允许滥用紧急避险，但只要符合其他条件，对自招的针对本人的危险也应允许紧急避险。因为法律并没有将危险限定为必须不是自己招致的危险，而且对于避险这种本能的行为应当宽容。此说受到的批判是，当行为人由于重大过失招致的危险侵害轻微的法益时，招致危险的人在一定范围内有忍受的义务，否则就是不公平的。

（2）否定说认为，应将危险理解为偶然的事实，不能包括由自己的故意、过失导致的危险。但不少人指出，如果行为人由于轻微的过失招来了对自己生命的危险，并且损害他人的轻微利益避免了危险时，应当认为是紧急避险。而且，自己招来的危险的事态，受侵害的种类、性质各不相同，不能一概否认对自己招致的危险进行紧急避险。

（3）命题人认为应区分情况进行判断，对于行为人有意识地制造自己与他人的法益之间的冲突，引起紧急避险状态的，可以认为制造者放弃了自己的法益，既然如此，就不存在针对自己"法益"的紧迫危险，因而不能允许制造者实施紧急避险。但是，当行为人虽然故意、过失或者意外实施了某种违法犯罪行为，但不是故意制造法益之间的冲突，却发生了没有预想到的重大危险时，存在紧急避险的余地。在这种情况下，对自己招致的危险能否进行紧急避险，要通过权衡法益、考察自己招致危险的情节以及危险的程度等进行综合评价。

（4）但没有争议的是，对自己招致的针对他人的危险，应允许紧急避险。例如，甲的行为对乙的生命产生危险，甲便可以通过适当地损害丙的利益避免对乙的生命造成的危险。当然，其中也存在行为人对招致危险的违法行为应否承担责任的问题。

---

[1] 参见张明楷：《刑法学》（第6版），法律出版社2021年版，第289、290页。

真题索引

1. （2014/2/52-多）严重精神病患者乙正在对多名儿童实施重大暴力侵害，甲明知乙是严重精神病患者，仍使用暴力制止了乙的侵害行为，虽然造成乙重伤，但保护了多名儿童的生命。

问题：**甲的行为如何定性？**

[主观题标答]

（1）观点一：如果认为正当防卫中的不法侵害人不要求达到刑事责任年龄、具有刑事责任能力（通说），乙的行为属于正在进行的不法侵害。因此，本案中，甲为保护多名儿童生命而造成严重精神病患者乙重伤的行为，成立正当防卫。

（2）观点二：如果认为正当防卫中的不法侵害人要求达到刑事责任年龄、具有刑事责任能力（少数说），乙的行为不属于正在进行的不法侵害，但可以评价为正在发生的危险。因此，本案中，甲为保护多名儿童生命而造成严重精神病患者乙重伤的行为，不成立正当防卫，而系紧急避险。

2. （2008/2/93-任）甲手持匕首寻找抢劫目标时，突遇精神病人丙持刀袭击。丙追赶甲至一死胡同，甲迫于无奈，与丙搏斗，将其打成重伤。

问题：**甲将精神病人丙打成重伤的行为如何定性？**

[主观题标答]

（1）观点一：如果认为正当防卫中的不法侵害人不要求达到刑事责任年龄、具有刑事责任能力（通说），丙的行为属于正在进行的不法侵害。因此，本案中，甲将精神病人丙打成重伤的行为，成立正当防卫。

（2）观点二：如果认为正当防卫中的不法侵害人要求达到刑事责任年龄、具有刑事责任能力（少数说），丙的行为不属于正在进行的不法侵害，但可以评价为正在发生的危险。因此，本案中，甲将精神病人丙打成重伤的行为，不成立正当防卫，而系紧急避险。

观点展示 3　正当防卫中不法侵害的范围

📑 **考情提示**

年　份	题　　　型	
	客观题	主观题
×		×

📑 **考点总结**

正当防卫中的"不法侵害"可以是作为，也可以是不作为，但对于是否要求行为人必须具有故意、过失的心态，存在不同观点：

1. 观点一：正当防卫中的不法侵害只能是具有故意、过失的行为。

2. 观点二：正当防卫中的不法侵害不要求必须是具有故意、过失的行为（意外事件、不可抗力也能成为不法侵害）。

✒️ **卢卢提醒**

本考点的核心问题是正当防卫中的"不法侵害"是否要求行为人必须具有"故意、过失"的罪过心理。

📑 **写作训练**

1. 乙在光线不好的车库倒车时，未料到也不可能注意到车底下有一个小孩小 A，在车辆即将碾轧到小 A 的紧急时刻，甲急忙制止乙的驾驶行为，导致乙受轻伤。

问题：甲的行为如何定性？

[主观题标答]

（1）观点一：如果认为正当防卫中的不法侵害只能是具有故意、过失的行为，本案中，由于乙不具有故意、过失的心理，乙的行为不能评价为"不法侵害"。因此，甲阻止乙驾驶的行为不成立正当防卫，而系紧急避险。

（2）观点二：如果认为正当防卫中的不法侵害不要求必须是具有故意、过失的行为，本案中，虽然乙不具有故意、过失的心理，但乙的行为仍能评价为"不法侵害"。因此，甲阻止乙驾驶的行为成立正当防卫。

2. 乙在狩猎时，误将前方的小B当作野兔，正在瞄准，即将射击。与乙一同狩猎、处在乙身后较远处的甲发现了乙的行为，于是向乙开枪，打伤其胳膊，保护了小B的生命。事后查明，乙当时不可能注意到小B的存在。

问题：**甲的行为如何定性**？

［主观题标答］

（1）**观点一**：如果认为正当防卫中的不法侵害只能是具有故意、过失的行为，本案中，由于乙不具有故意、过失的心理，乙的行为不能评价为"不法侵害"。因此，甲打伤乙的行为不成立正当防卫，而系紧急避险。

（2）**观点二**：如果认为正当防卫中的不法侵害不要求必须是具有故意、过失的行为，本案中，虽然乙不具有故意、过失的心理，但乙的行为仍能评价为"不法侵害"。因此，甲打伤乙的行为成立正当防卫。

观点展示 4　正当防卫的主观条件

年　份	题　　　　型	
	客观题	主观题
2020 年	×	主观题的部分情节
2017 年	多项选择题第 53 题	
2016 年	多项选择题第 52 题	
2011 年	单项选择题第 7 题	×
2009 年	多项选择题第 58 题	
其他年份	×	

📖 考点总结

1. 防卫意图（或称防卫意思、防卫意识）包括防卫认识与防卫意志：

（1）防卫认识，是指行为人认识到，即明知不法侵害正在进行；

（2）防卫意志，是指行为人出于保护国家、公共利益，本人或者他人的人身、财产和其他权利免受正在进行的不法侵害的正当目的。

2. 没有正当防卫的认识，就不可能产生正当防卫的意志，也就没有防卫意图可言。目前理论上多数人认为防卫意图的重点在于防卫认识，同时认为基于兴奋、愤怒等进行的防卫行为不具有防卫意志。

3. 对于正当防卫的成立是否要求具有防卫意图，存在不同观点：

（1）观点一：防卫意图不要说（或称"防卫认识不要说"，结果无价值论的观点），即成立正当防卫无需防卫认识和防卫意志；

（2）观点二：防卫意图必要说之一（或称"防卫认识必要说之一"，行为无价值论的观点），即成立正当防卫只需防卫认识，无需防卫意志；

（3）观点三：防卫意图必要说之二（或称"防卫认识必要说之二"，传统刑法的观点），即成立正当防卫既需防卫认识，也需防卫意志。

4. 若认为正当防卫的成立需具有防卫意图，则紧急避险的成立也须具有避险意图（包括避险认识和避险意志），两者存在对应关系。

5. 偶然防卫，是指行为人故意或者过失实施了侵害他人法益的行为，客观上却偶然起到了正当防卫效果的现象。偶然防卫可以分为"故意的偶然防卫"和"过失的偶然防卫"两种情况。同时需要注意的是，偶然防卫可以无防卫认识和防卫意志，也可以有防卫认识但无防卫意志（如"猪队友案"）；偶然避险的分析思路与偶然防卫的分析思路是一致的。

▷ 写作训练

1. 甲故意枪击乙时，乙刚好在瞄准丙实施故意杀人行为，但甲对乙的行为不知情。甲开枪打死乙，救了无辜的丙。

问题：甲的偶然防卫行为如何定性？

［主观题标答］

（1）观点一：若采防卫意图不要说，认为成立正当防卫不需要防卫意图，由于偶然防卫行为造成的最终结果在客观上被法律所允许，而且事实上确实保护了另一种法益，因此，甲的行为不成立犯罪，属于正当防卫。

（2）观点二：若采防卫意图必要说之一，认为成立正当防卫至少需要防卫认识，本案中，甲无防卫认识，虽然甲的行为造成的最终结果保护了另外一个法益，但是故意犯罪行为本身是值得处罚的，因此，对甲应以故意杀人罪未遂论处。

（3）观点三：若采防卫意图必要说之二，认为成立正当防卫既需要防卫认识，亦需要防卫意志，本案中，甲既无防卫认识，也无防卫意志，从形式上来看，甲实施了故意杀人的行为，并造成了乙的死亡结果，因此，对甲应以故意杀人罪既遂论处。

2. 甲驾驶机动车，超速失控误将乙撞死。事后查明，乙当时正对丙举枪射击，甲将乙撞倒碰巧救了无辜的丙。

问题：甲的偶然防卫行为如何定性？

［主观题标答］

（1）观点一：若采防卫意图不要说，认为成立正当防卫不需要防卫意图，甲的偶然防卫行为所造成的最终结果在客观上被法律所允许，而且事实上保护了另一种法益。因此，甲的行为成立正当防卫。

（2）观点二：若采防卫意图必要说之一，认为成立正当防卫至少需要防卫认识，本案中，甲无防卫认识，一方面，甲的行为造成的最终结果保护了另外一个法益；另一方面，如果不考察最终结果，过失行为本身亦是不值得处罚的。因此，甲无罪。

（3）观点三：若采防卫意图必要说之二，认为成立正当防卫既需要防卫认识，亦需要防卫意志，本案中，甲既无防卫认识，也无防卫意志，从形式上来看，甲违反交通运输管理法规过失导致乙的死亡。因此，对甲应以交通肇事罪论处。

✎ **卢卢提醒**

> 本考点的疑难问题是偶然防卫与打击错误结合在一起，如何分析行为人行为的定性。[1]

↘ 真题索引

1.（2011/2/7-单）乙基于强奸故意正在对妇女实施暴力，甲出于义愤对乙进行攻击，客观上阻止了乙的强奸行为。

问题：甲的行为如何定性？

[主观题标答] 甲出于义愤反击乙的不法侵害，可见其具有防卫认识，不具有防卫意志。

（1）观点一：若认为成立正当防卫不需要有防卫意图，虽然甲仅具有防卫认识，无防卫意志，但甲依然成立正当防卫。

（2）观点二：若认为成立正当防卫只需要防卫认识，不需要防卫意志，由于甲具有防卫认识，因此，甲依然成立正当防卫。

（3）观点三：若认为成立正当防卫既需要防卫认识，也需要防卫意志，由于甲仅具有防卫认识，无防卫意志，因此，甲不成立正当防卫。

2.（2017/2/53-多）甲、乙合谋杀害丙，计划由甲对丙实施砍杀，乙持枪埋伏于远方暗处，若丙逃跑则伺机射杀。案发时，丙不知道乙的存在。为防止甲的不法侵害，丙开枪射杀甲，子弹与甲擦肩而过，击中远处的乙，致乙死亡。

---

〔1〕 关于偶然防卫与打击错误的结合（例2~例5），除了本书的写法，写作思路可能有多种，只要言之有理即可。

问题：甲、乙、丙的行为如何定性？

［主观题标答］

（1）甲、乙针对丙构成故意杀人罪未遂，只不过乙死亡，刑罚消灭。

（2）丙针对甲具有防卫认识和防卫意志，即使其未击中甲，也成立正当防卫。

（3）丙导致乙死亡的行为属于偶然防卫：

❶观点一：丙主观上也存在打击错误，若采法定符合说，针对乙的死亡，丙具有故意（属于故意的偶然防卫）。如果同时认为成立正当防卫无需防卫认识和防卫意志，丙针对乙成立正当防卫，最终无罪；如果同时认为成立正当防卫需防卫认识和防卫意志，丙针对乙不成立正当防卫，最终丙成立故意杀人罪既遂（此结论明显荒谬）。

❷观点二：丙主观上也存在打击错误，若采具体符合说，针对乙的死亡，丙具有过失（属于过失的偶然防卫）。如果同时认为成立正当防卫至少需防卫认识，丙针对乙不具有防卫认识，不成立正当防卫。由于不考察结果，过失行为本身不具有可罚性，最终丙亦无罪。

［补充提醒］在刑法理论上，如果主观上采取法定符合说，在正当防卫的问题上对应的是防卫意图不要说或者防卫意图必要说之二，即成立正当防卫既需防卫认识，也需防卫意志。如果主观上采取具体符合说，在正当防卫的问题上对应的是防卫意图必要说之一，即成立正当防卫只需防卫认识，无需防卫意志。

3.（2016/2/52-多）甲、乙共同对丙实施严重伤害行为时，甲误打中乙致乙重伤，丙乘机逃走。

问题：甲、乙的行为如何定性？

［主观题标答］

（1）甲、乙针对丙构成故意伤害罪未遂。

（2）甲导致乙重伤的行为属于偶然防卫：

❶观点一：甲主观上存在打击错误，若采法定符合说，针对乙的重伤，甲具有故意（属于故意的偶然防卫）。如果同时认为成立正当防卫无需防卫认识和防卫意志，甲针对乙成立正当防卫，最终无罪；如果同时认为成立正当防卫需防卫认识和防卫意志，甲针对乙不成立正当防卫，最终甲成立故意伤害（致人重伤）罪。

❷观点二：甲主观上存在打击错误，若采具体符合说，针对乙的重伤，甲具有过失（属于过失的偶然防卫）。如果同时认为成立正当防卫至少需防卫认识，甲虽然针对乙仅具有防卫认识，但仍然成立正当防卫，最终亦无罪。

4.（2009/2/58-多-C）丙和贺某共同抢劫严某财物，严某边呼救边激烈反抗。丙拔刀刺向严某，严某躲闪，丙将同伙贺某刺死。

问题：**丙、贺某的行为如何定性？**

[主观题标答]

（1）丙、贺某针对严某构成抢劫致人死亡未遂（或者表述为"抢劫罪与故意杀人罪未遂，想象竞合"），只不过贺某死亡，刑罚消灭。

（2）丙刺死贺某的行为属于偶然防卫：

❶**观点一**：丙主观上存在打击错误，若采法定符合说，针对贺某的死亡，丙具有故意（属于故意的偶然防卫）。如果同时认为成立正当防卫无需防卫认识和防卫意志，丙针对贺某成立正当防卫，最终丙无罪；如果同时认为成立正当防卫需防卫认识和防卫意志，丙针对贺某不成立正当防卫，最终丙成立抢劫致人死亡既遂。

❷**观点二**：丙主观上存在打击错误，若采具体符合说，针对贺某的死亡，丙具有过失（属于过失的偶然防卫）。如果同时认为成立正当防卫至少需防卫认识，丙针对贺某仅具有防卫认识，仍然成立正当防卫，最终亦无罪。

5.（2020/主观题节选）2018年8月，洪某向林业主管部门举报了有人在国有森林中种植沉香的事实。林业主管部门工作人员赵某与郑某上山检查时，刘某与任某为了抗拒抓捕，对赵某与郑某实施暴力，赵某与郑某反击，形成互殴状态。赵某被打成轻伤，该轻伤由刘某、任某造成，但不能查明是刘某的行为所致，还是任某的行为所致。刘某被打成重伤，任某被打成轻伤，其中，刘某的重伤由赵某与郑某共同造成，任某的轻伤则是由刘某的打击错误造成（刘某攻击郑某时，郑某及时躲闪，导致刘某击中了同伙任某）。

问题：**刘某击中同伙任某的行为如何定性？**

[主观题标答]刘某、任某攻击郑某时，郑某及时躲闪，导致刘某击中了同伙任某，任某的轻伤是由刘某的打击错误造成的。同时，刘某的行为亦属于偶然防卫。处理结论如下：

（1）**观点一**：刘某主观上存在打击错误，若采法定符合说，针对任某的轻伤，刘某具有故意（故意的偶然防卫）。如果同时认为成立正当防卫无需防卫认识和防卫意志，刘某针对任某成立正当防卫，最终无罪；如果同时认为成立正当防卫需防卫认识和防卫意志，刘某针对任某不成立正当防卫，最终刘某成立故意伤害罪既遂。

（2）**观点二**：刘某主观上存在打击错误，若采具体符合说，针对任某的轻伤，刘某具有过失（过失的偶然防卫）。如果同时认为成立正当防卫至少需防卫认识，刘某针对任某成立正当防卫，最终亦无罪。

观点展示5　防卫无关的第三者

考情提示

年　　份	题　　型	
	客观题	主观题
×		×

考点总结

本考点主要考查针对不法侵害者实施的防卫行为，因为打击错误导致第三者伤亡时应当如何定性的问题，对此存在以下不同观点：正当防卫、假想防卫、防卫过当、紧急避险、缺乏期待可能性等。

卢卢提醒

本考点的核心问题是在正当防卫的过程中出现了打击错误，防卫到了无关的第三人如何定性。

写作训练

1. 乙追杀甲，甲为了反击而向乙投掷石块，但没有击中乙而击中丙，使丙受伤，或者在击中乙的同时也击中丙，使丙受重伤。无论甲是否击中乙，甲的行为针对乙而言，无疑是正当防卫。

问题：对丙的重伤而言，甲的行为该如何定性？

[主观题标答]（掌握两种即可）

（1）观点一：（具体符合说）甲导致丙重伤的行为成立假想防卫。因为丙没有实施不法侵害，但甲的防卫行为导致了丙的伤害结果，所以应视为一种假想防卫，阻却故意责任。

（2）**观点二**：（法定符合说）甲导致丙重伤的行为成立正当防卫。因为甲的行为的正当性并不因导致第三者丙重伤而丧失。

（3）**观点三**：甲导致丙重伤的行为成立紧急避险。因为甲在遭受生命危险时，"不得已"将风险转嫁给了第三者丙。

（4）**观点四**：甲导致丙重伤的行为成立防卫过当。因为正当防卫的必要限度包括防卫对象的限度。

（5）**观点五**：甲导致丙重伤的行为缺乏期待可能性。因为甲在遭受生命威胁的紧急危险时，不能期待其不侵害他人的权利，所以即使认为甲的行为具有违法性，也会因缺乏期待可能性而阻却责任。

命题人倾向于采取观点四，试图承认空间的防卫过当概念，同时认为不管是采取观点一还是观点四，都不可能认定为故意犯，只能是过失犯（意外事件则不构成犯罪），观点四则可以对甲适用减免处罚的规定。当然，如果在甲"不得已"实施防卫行为的情况下，采用观点三认为甲的行为属于紧急避险更合理。

2. 甲非法将丙所有的珍贵花瓶砸向乙的头部（仅具有伤害的故意），乙用手挡开花瓶，反砸向甲，结果甲躲闪导致花瓶毁损，飞溅的碎片却将正好路过现场的无关路人丁刺成重伤。

问题：**甲、乙的行为如何定性**？

[主观题标答]

（1）根据因果关系的原理，乙用手挡开花瓶属于正常的介入因素，可以将花瓶毁损的结果归属于甲的行为，甲针对此花瓶构成故意毁坏财物罪。

（2）根据因果关系的原理，丁的重伤结果亦可归属于甲，不过甲存在打击错误。根据法定符合说，甲针对乙构成故意伤害罪未遂，针对丁构成故意伤害致人重伤，想象竞合，以故意伤害致人重伤论处，再与前述故意毁坏财物罪想象竞合；根据具体符合说，甲针对乙构成故意伤害罪未遂，针对丁构成过失致人重伤罪，想象竞合，再与前述故意毁坏财物罪想象竞合。

（3）根据因果关系的原理，花瓶毁损的结果与乙的行为具有因果关系。乙用手挡开花瓶，反砸向甲，即使未击中甲，针对甲仍成立正当防卫；但乙导致丙花瓶毁损的行为，有观点认为成立紧急避险。

（4）根据因果关系的原理，丁的重伤亦与乙的行为具有因果关系，其属于防卫无关的第三者，理论上根据不同观点，乙的行为可以评价：

❶观点一：<u>假想防卫</u>。因为丁没有实施不法侵害，但乙的防卫行为因打击错误导致了无关的丁重伤的结果，所以应视为一种假想防卫，阻却故意责任。

❷观点二：<u>正当防卫</u>。因为乙的行为的正当性并不因为导致第三者丁的重伤而丧失。

观点展示6　防卫过当的认定标准

▶ 考情提示

年　　份	题　　　　　型	
	客观题	主观题
×		×

▶ 考点总结

1. 《刑法》第20条第2款规定，正当防卫明显超过必要限度造成重大损害的，应当负刑事责任，但是应当减轻或者免除处罚。

2. 司法解释规定，认定防卫过当应当同时具备"明显超过必要限度"和"造成重大损害"两个条件，缺一不可。

3. 司法解释规定，防卫行为虽然明显超过必要限度但没有造成重大损害的，不应认定为防卫过当。

4. 理论上对于"超过必要限度"与"造成重大损害"的关系，存在两种不同观点：

（1）观点一：一体说（理论观点）认为，正当防卫行为之过当表现在造成了不应有的危害结果。防卫过当行为和其所造成的重大损害是统一的，两者不可分割。防卫过当行为是造成重大损害的原因，而重大损害是确定防卫过当的根据。本观点认为防卫过当的核心是"造成重大损害"，重在对结果的考察。

（2）观点二：二分说或者分立说（司法解释观点）认为，应当将正当防卫的限度条件细化为"行为限度条件"与"结果限度条件"。在行为限度条件中，主要以必要限度为衡量标准，若明显超过必要限度，则成立行为过当；而在结果限度条件中，以是否造成可量化操作的重大损害后果为判断基准，造成了不法侵害人重伤或死亡的重大损害后果的，才成立结果过当。本观点认为防卫过当必须同时满足"行为过当"与"结果过当",即"双过当"。

✐ 卢卢提醒

　　本考点的核心问题是防卫过当的认定是否需要同时满足"行为过当"与"结果过当"。

▷ 写作训练

　　乙正在窃取甲的破旧自行车,甲一掌将乙推往路边,乙倒地后头碰到坚硬的石块而身亡。

问题:甲的行为如何定性?

[主观题标答]

(1)根据一体说,甲的正当防卫行为明显超过必要限度,造成了重大损害,属于防卫过当。如果甲主观上针对乙的死亡具有过失,可以认定为过失致人死亡罪,但应当减轻或者免除处罚。

(2)根据二分说,由于甲的防卫行为没有明显超过必要限度,即防卫行为不过当,虽然造成了重大损害即乙的死亡,但其仍然不属于防卫过当,应认定为正当防卫。

观点展示 7　认识错误

年　份	题　型	
	客观题	主观题
2019 年	每年必考	考查事前故意
2016 年		考查事前故意
2015 年		考查结果提前实现
2010 年		考查事前故意
其他年份		✕

📌 考点总结

认识错误	法律认识错误	不影响对行为的评价，除非缺乏违法性认识的可能性，此时会阻却责任。	
	事实认识错误	具体的事实认识错误（同一个犯罪构成间的错误）	（1）对象错误（亦称"着手时错误"，除选择性罪名，具体符合说、法定符合说结论一致）。
			（2）打击错误（亦称"着手后错误""实行失误""方法错误"，具体符合说、法定符合说结论不一致）。
			（3）因果关系错误 ①狭义的因果关系错误（不存在不同观点）； ②事前的故意（存在不同观点）； ③结果的提前实现（存在不同观点）。

续表

认识错误	事实认识错误	抽象的事实认识错误（不同的犯罪构成间的错误）	（1）只有对象错误与打击错误。同时可分为罪与罪之间具有包容关系的情形（如侵占罪与盗窃罪之间），以及罪与罪之间不具有包容关系的情形（如故意毁坏财物罪与过失致人死亡罪之间）。
			（2）无论是对象错误，还是打击错误，均采用法定符合说（抽象符合说默认为错误）实现定罪，具体操作步骤如下： 第一步：从主观认识出发，分析触犯什么罪（是否既遂）； 第二步：从客观事实出发，分析触犯什么罪（是否既遂）； 第三步：如果想象竞合，择一重罪论处。

1. 严格来讲，认识错误问题只在故意犯罪中存在，过失犯罪无需专门研究。此外，研究事实认识错误的目的是在出现认识错误的情况下，主客观相统一，实现对行为人的正确定罪。

2. 在抽象的事实认识错误中区分对象错误、打击错误的意义不大，因为均采法定符合说，处理方式相同。

3. 因果关系错误中的事前故意、结果的提前实现存在不同观点，与具体符合说、法定符合说毫无关系。

4. 研究对象错误、打击错误的目的是判断对"错误"的结果有无故意，而研究因果关系错误的目的是判断"因果关系错误"是否影响因果关系的认定。

5. 无论何种事实认识错误，都需要具有一个前提，即行为人的行为与危害结果之间具有因果关系。

6. 具体符合说与法定符合说除了表格所体现的处理相关问题的差异之外，在区分正犯与狭义的共犯问题中也有意义（如"挖坑案"）。

7. 在某些情况下，具体案件中不同的认识错误可以共存：针对同一对象的对象错误与因果关系错误共存、针对同一对象的打击错误与因果关系错误共存、针对不同对象的对象错误与打击错误共存。

✑ **卢卢提醒**

本考点的核心问题是针对某一案件，具体符合说、法定符合说、事前故意、结果的提前实现如何分析、运用。

📑 **真题索引及写作训练**

1.（2010/主观题节选）2009年6月26日，赵某将钱某约至某大桥西侧泵房后，二人发生争执。赵某顿生杀意，突然勒钱某的颈部、捂钱某的口鼻，致钱某昏迷。赵某以为钱某已死亡，便将钱某"尸体"缚重扔入河中。6月28日下午，钱某的尸体被人发现（经鉴定，钱某系溺水死亡）。

问题：赵某致钱某死亡的事实，在刑法理论上称为什么？刑法理论对这种情况有哪几种处理意见？你认为应当如何处理？为什么？

［主观题标答］

（1）赵某致钱某死亡的事实，在刑法理论上称为"事前的故意"。

（2）针对此现象，主要有如下处理意见：

❶观点一：如果认为赵某将钱某"尸体"缚重扔入河中的行为属于正常的介入因素（或者表述为"若采合并说"），那么，将赵某的两个行为视为一体，只需将赵某的行为认定为一个故意杀人罪既遂即可。

❷观点二：如果认为赵某将钱某"尸体"缚重扔入河中的行为属于异常的介入因素（或者表述为"若采区分说"），那么，赵某的第一个行为即勒颈部、捂口鼻的行为，成立故意杀人未遂；第二个行为即将钱某"尸体"缚重扔入河中的行为，成立过失致人死亡罪。前后两个行为数罪并罚。

2.（2016/主观题节选）赵某杀害钱某后，以为钱某已经死亡，遂电话叫来好友孙某。二人一起将钱某抬至汽车的后座，由赵某开车，孙某坐在钱某身边。开车期间，赵某不断地说"真不该一时冲动""悔之晚矣"。其间，孙某感觉钱某身体动了一下，仔细察看，发现钱某并没有死。但是，孙某未将此事告诉赵某。到野外后，赵某一人挖坑并将钱某埋入地下（致钱某窒息身亡），孙某一直站在旁边没做什么，只是反复催促赵某动作快一点。

问题：赵某、孙某的行为如何定性？

［主观题标答］

（1）赵某以为钱某已经死亡，为毁灭罪证而将钱某活埋导致其窒息死亡，属于事前的故意。对此现象的处理，主要有两种观点：

❶ 观点一：将赵某的行为认定为故意杀人罪既遂一罪。理由是，赵某的前行为与死亡结果之间的因果关系并未中断，前行为与后行为具有一体性，故意不需要存在于实行行为的全过程。

❷ 观点二：将赵某的前行为认定为故意杀人罪未遂，将后行为认定为过失致人死亡罪，对二者实行数罪并罚。理由是，毕竟是因为赵某的后行为导致钱某死亡，但赵某对后行为只有过失。

（2）孙某对钱某的死亡构成故意杀人罪。孙某明知钱某没有死亡，却催促赵某动作快一点，显然具有杀人故意，其客观上对钱某的死亡也起到了作用，认定为故意杀人罪。但对于孙某的行为属于何种行为类型，存在不同观点：

❶ 倘若在前一问题上认为赵某成立故意杀人罪既遂，则孙某成立故意杀人罪的帮助犯（从犯）；

❷ 倘若在前一问题上认为赵某成立故意杀人罪未遂与过失致人死亡罪，则孙某就是利用过失行为实施杀人的间接正犯。

3. 赵某听说村民小 A 刚从外地打工回到家里，遂萌生谋财之念。赵某携带作案工具，翻墙进入小 A 家，发现小 A 在东屋睡觉，便钻入西屋，翻找钱款未果，又至东屋寻找，小 A 被惊醒。赵某为了获得财物遂用钳子朝小 A 头部猛击，见小 A 不动，在认为小 A 已死亡的情况下（其实小 A 系受重伤昏迷），用钳子将抽屉撬开，将里面的 25 000 元现金拿走。为毁灭罪证，赵某用打火机点燃一纤维编织袋扔在小 A 所盖的被子上，导致小 A 颅脑损伤后吸入一氧化碳窒息死亡，同时导致小 A 以及周围邻居价值 2000 元的物品亦被烧毁。

问题：赵某的行为如何定性？

[主观题标答] 赵某抢劫杀害小 A 的行为存在"事前的故意"，关于此问题，刑法理论上主要存在如下处理意见：

（1）观点一：赵某构成抢劫致人死亡与放火罪的基本犯，数罪并罚。如果认为赵某放火毁灭罪证的行为属于正常的介入因素，其不中断赵某的（入户）抢劫杀人行为与小 A 的死亡结果之间的因果关系（或者表述为"合并说"），那么，赵某的行为构成抢劫罪，同时属于（入户）抢劫致死亡，抢劫金额为 25 000 元；另外，赵某放火的行为构成放火罪，并造成财物损失 2000 元，系基本犯。前后两罪数罪并罚。

（2）观点二：赵某构成抢劫致人重伤与放火致人死亡，数罪并罚。如果认为赵某放火毁灭罪证的行为属于异常的介入因素，其中断了赵某的（入户）抢劫杀人行为与小 A 的死亡结果之间的因果关系（或者表述为"区分说"），那么，赵某的前行为构成抢劫致人重伤，系结果加重犯，抢劫金额为 25 000 元；另外，赵某后来放火的行为单独构成放火罪，并造成小 A 的死亡和财物损失 2000 元，属于放火过失致人死亡，系结果加重犯。前后两罪数罪并罚。

4.（2015/主观题节选）高某找到密友夏某，共谋将钱某诱骗至湖边小屋，先将其掐昏，然后扔入湖中溺死。高某、夏某到达小屋后，高某寻机抱住钱某，夏某掐钱某脖子。待钱某不能挣扎后，二人均误以为钱某已昏迷（实际上已经死亡），便准备给钱某身上绑上石块将其扔入湖中溺死。此时，夏某突然反悔，对高某说："算了吧，教训她一下就行了。"高某说："好吧，没你事了，你走吧！"夏某离开后，高某在钱某身上绑石块时，发现钱某已死亡。为了湮灭证据，高某将钱某尸体扔入湖中。

问题：高某、夏某的行为如何定性？

［主观题标答］认定高某、夏某对钱某成立何罪，关键在于如何处理结果的提前实现：

（1）**观点一：** 虽然本案构成要件的结果提前发生，但掐脖子的行为本身有致人死亡的紧迫危险，既然能够认定掐脖子时就已经实施杀人行为，且故意存在于着手实行时即可，故高某、夏某应对钱某的死亡承担故意杀人罪既遂的刑事责任。

（2）**观点二：** 高某、夏某掐钱某的脖子时只是想致钱某昏迷，并没有认识到（即明知）掐脖子的行为会导致钱某死亡，亦即缺乏对死亡这一既遂结果的故意，因而不能对故意杀人罪既遂负责，只能认定高某、夏某的行为构成故意杀人罪未遂与过失致人死亡罪的想象竞合。

5.（2019/主观题节选）1995 年 7 月，甲市洪某和蓝某共谋抢劫赵某钱财，由蓝某联络赵某，约定某晚 19 点实施。但约期已至，洪某到达了现场而蓝某没到。洪某决定独立实施抢劫，遂利用事先准备好的凶器猛砸赵某头部，致赵某重伤。在洪某准备拿赵某的财物时，蓝某出现，并与洪某一起拿走赵某的财物 2 万元。后蓝某提前离开，洪某误以为赵某已死，便将赵某扔入水库。事后查明，赵某是被水溺死，之前赵某只是重伤昏迷。

问题：洪某、蓝某的行为如何定性？

［主观题标答］洪某、蓝某的行为存在事前的故意。洪某、蓝某抢劫杀害赵某

的行为构成抢劫罪的基本犯既遂，但是否属于抢劫致人死亡，存在不同的观点：

（1）观点一：如果认为洪某将赵某扔入水库的行为属于正常的介入因素（或者表述为"若采合并说"），那么，应将洪某的前述两个行为视为一体，此时，洪某、蓝某均构成抢劫致人死亡。

（2）观点二：如果认为洪某将赵某扔入水库的行为属于异常的介入因素（或者表述为"若采区分说"），那么，洪某的第一个行为即利用事先准备好的凶器猛砸赵某头部，致赵某重伤，洪某、蓝某均构成抢劫致人重伤；洪某的第二个行为即将赵某扔入水库致其死亡的行为，单独构成过失致人死亡罪。洪某前后两罪数罪并罚。

6.（2008/2/54-多）甲欲杀乙，便向乙开枪，但开枪的结果是将乙和丙都打死。

问题：甲的行为如何定性？

[主观题标答] 甲主观上欲杀害乙，但客观上造成乙、丙的死亡，存在打击错误：

（1）根据具体符合说，甲对乙成立故意杀人罪既遂，对丙成立过失致人死亡罪，想象竞合；

（2）根据法定符合说，甲对乙、丙均成立故意杀人罪既遂，想象竞合。

7.（2008延/2/53-多）甲欲杀乙，向乙开枪，但未瞄准，子弹从乙身边穿过打中丙，致丙死亡。

问题：甲的行为如何定性？

[主观题标答] 甲主观上欲杀害乙，但客观上造成了丙死亡，存在打击错误：

（1）根据具体符合说，甲对乙成立故意杀人罪（未遂），对丙成立过失致人死亡罪，想象竞合；

（2）根据法定符合说，甲对乙成立故意杀人罪（未遂），对丙成立故意杀人罪既遂，想象竞合。

观点展示 8 未遂犯与不可罚的不能犯

年　份	题　　型	
	客观题	主观题
2005 年	单项选择题第 7 题	
2003 年	单项选择题第 4 题	×
2002 年	多项选择题第 38 题	
其他年份	×	

▶ 考点总结

1. 不可罚的不能犯（以下简称"不能犯"），是指行为人虽然主观上有犯罪故意，但客观行为不具有任何法益侵害危险，所以无罪。

2. 未遂犯与不能犯的相似点是都有犯罪故意，都没有得逞、既遂。二者的区别在于法律效果不同：对不能犯是无罪处理；而未遂犯构成犯罪，只是未遂而已。两者的区分标准是行为是否具有法益侵害的危险性：如果有，就是未遂犯；如果没有，就是不能犯。但对于判断行为是否具有法益侵害的危险，存在不同的观点：

（1）观点一：抽象的危险说

❶抽象的危险说（即主观的危险说）认为，以行为人在行为当时所认识到的事实为基础，如果按照行为人的计划实施行为具有发生既遂结果的危险性，就是未遂犯；即使按照行为人的计划实施行为也不具有发生既遂结果的危险性，则是不能犯。

[例1] 行为人本想以毒药杀人但误用了砂糖，如果按照行为人的计划以毒药杀人，就具有致人死亡的危险，因而是未遂犯。

[例2] 行为人以为砂糖能致人死亡而使人饮用砂糖，即使按照行为人的计划实施该行为也不可能发生致人死亡的结果，因而属于不能犯。

❷抽象的危险说是主观主义刑法理论的产物，其认为只要行为人计划实施可能发生既遂结果的行为，征表出行为人的反社会性格，就应当作为犯罪处罚。我国传统刑法理论即采取抽象的危险说，其认为除了迷信犯属于不能犯不处罚，其他情形都属于未遂犯。

（2）观点二：具体的危险说

该说主张，以行为当时一般人的判断为基准决定是否存在危险性（事前判断），而完全不考虑事后判明的情况，以此判断有无发生既遂结果的危险。如果存在具体的危险，则成立未遂犯；否则，属于不能犯。

[例] 以为是活人而向尸体开枪，如果在当时的情况下一般人认为对方是活人，即一般人认为有致人死亡的危险，则成立未遂犯；如果行为人认为是活人，而一般人在当时的情况下均认为是尸体，则成立不能犯。

（3）观点三：修正的客观的危险说

修正的客观的危险说认为应先判断出行为人客观上实施的行为具有侵害法益的紧迫危险，主观上有相应的故意，才能认定为犯罪未遂；如果行为人主观上具有犯意，其客观行为没有侵害法益的任何危险，就应认定为不能犯，不以未遂犯论处。至于客观行为是否具有侵害法益的紧迫危险，则应以行为时存在的所有客观事实为基础。该说试图克服抽象的危险说和具体的危险说的缺陷，同时适当限制未遂犯的成立范围。

[例] 在行为人原本打算投放毒药，但事实上只投放了食盐时，要将投放食盐的事实作为判断资料。在行为人以为是仇人而开枪，但事实上射击了稻草人时，要将客观上射击稻草人的事实作为判断资料。显然，在这两种情况下，不可能成立未遂犯。如果认定为未遂犯，必须有其他事实表明行为存在致人死亡的危险。

📝 卢卢提醒

　　本考点的核心问题是行为人在具有犯罪故意的前提下实施了一定的行为，但由于主观意志以外的原因未能既遂，此时，其是成立犯罪未遂还是不能犯，判断标准是什么。

🔖 真题索引

1.（2005/2/7-单）甲深夜潜入乙家行窃，发现留长发穿花布睡衣的乙正在睡觉，意图奸淫，便扑在乙身上强脱其衣。乙惊醒后大声喝问，甲发现乙是男人，慌忙逃跑被抓获。

问题：甲的行为如何定性？

[主观题标答]

（1）**观点一：**根据抽象的危险说，如果按照甲的计划实施行为具有发生强奸罪既遂的危险性，甲构成强奸罪未遂。

（2）**观点二：**根据具体的危险说，如果以甲行为当时一般人的判断为基准，完全不考虑事后判明的情况，甲的行为具有强奸罪既遂的危险性，甲构成强奸罪未遂。

（3）**观点三：**根据修正的客观危险说，将甲行为时存在的所有客观事实（包括事后查明的客观事实）作为判断资料，如果客观上并无妇女的存在，不具有侵害法益的紧迫危险，即使具有强奸罪的故意，甲仍然构成强奸罪的不能犯，无罪。

2.（2003/2/4-单）甲为上厕所，将不满1岁的女儿放在外边靠着篱笆站立，刚进入厕所，就听到女儿的哭声，急忙出来，发现女儿倒地，疑是站在女儿身边的4岁男孩乙所为。甲一手扶起自己的女儿，一手用力推乙，导致乙倒地，头部刚好碰在一块石头上，流出鲜血，并一动不动。甲认为乙可能死了，就将其抱进一个山洞，用稻草盖好，正要出山洞，发现稻草动了一下，以为乙没死，于是拾起一块石头猛砸乙的头部，之后用一块磨盘压在乙的身上后离去。案发后，经法医鉴定，甲在用石头砸乙之前，乙已经死亡。

问题："甲拾起一块石头猛砸乙的头部"的行为，如何定性？

[主观题标答]

（1）**观点一：**根据抽象的危险说，如果按照甲的计划实施行为具有发生乙死亡结果的危险性，甲构成故意杀人罪未遂。

（2）**观点二：**根据具体的危险说，如果以甲行为当时一般人的判断为基准，完全不考虑事后判明的情况，甲的行为具有致人死亡的危险性，甲构成故意杀人罪未遂。

（3）**观点三：**根据修正的客观危险说，将甲行为时存在的所有客观事实（包括事后查明的客观事实）作为判断资料，如果客观上并无活人的存在，不具有侵害生命法益的紧迫危险，即使甲具有杀人的故意，仍然构成故意杀人罪的不能犯，无罪。

3.（2002/2/38-多）甲将头痛粉冒充海洛因欺骗乙，让乙出卖"海洛因"，然后二人均分所得款项。乙出卖后获款 4000 元，但在未来得及分赃时，被公安机关查获。

问题：**乙欲贩卖毒品的行为如何定性？**

［主观题标答］

（1）观点一：根据抽象的危险说，如果按照乙的计划实施行为具有发生结果的危险性，乙构成贩卖毒品罪未遂。

（2）观点二：根据具体的危险说，如果以乙行为当时一般人的判断为基准，完全不考虑事后判明的情况，乙的行为具有成功贩卖毒品的危险性，乙构成贩卖毒品罪未遂。

（3）观点三：根据修正的客观危险说，将乙行为时存在的所有客观事实（包括事后查明的客观事实）作为判断资料，由于客观上并无毒品的存在，不具有侵害法益的紧迫危险，即使乙具有贩卖毒品的故意，仍然构成贩卖毒品罪的不能犯，无罪。

观点展示 9　犯罪未遂的存在范围

📌考情提示

年　份	题　　　型	
	客观题	主观题
2020 年	多项选择题	×
2017 年	单项选择题第 5 题	×
2016 年	×	主观题部分情节
其他年份	×	

📌考点总结

1. 犯罪未遂不是仅针对基本犯而言，还可能针对同一罪名的加重类型（情节加重犯、结果加重犯）、类似结合犯类型而言（例如，绑架后杀害、重伤害被绑架人的，拐卖妇女、儿童后又强奸的），甚至包括量刑规则（往往是司法解释，此时将其视为构成要件）。

注意 1：犯罪构成分为基本的犯罪构成（基本犯）、加重的犯罪构成（情节加重犯、结果加重犯）、类似结合的犯罪构成（类似结合犯）。

注意 2：刑法中法定刑升格条件（也被称为"加重情节""加重处罚情节"）有加重犯（情节加重犯、结果加重犯）、类似结合犯、量刑规则。

注意 3：[观点展示] 刑法分则条文单纯以情节（特别）严重、情节（特别）恶劣以及数额或数量（特别）巨大、首要分子、多次、违法所得数额巨大、犯罪行为孳生之物数量（数额）巨大作为法定刑升格条件的，属于量刑规则。对于量刑规则是否存在未遂，存在不同观点：

（1）观点一：认为存在（司法解释居多）。因为其属于加重的构成要件。

（2）观点二：认为不存在。因为其属于单纯的量刑规则，必须客观上满足量刑规则的规定方可适用升格法定刑。

2. 司法解释明确规定的"量刑规则、结果加重犯、情节加重犯存在未遂"的情形

（1）2016 年 1 月 6 日起施行的最高人民法院《关于审理抢劫刑事案件适用法律若干问题的指导意见》规定，对以"数额巨大"的财物为明确目标，由于意志以外的原因，未能抢到财物或实际抢得的财物数额不大的，应同时认定"抢劫数额巨大"和犯罪未遂的情节，根据《刑法》有关规定，结合未遂犯的处理原则量刑。

（2）2005 年 6 月 8 日起施行的《最高人民法院关于审理抢劫、抢夺刑事案件适用法律若干问题的意见》规定，《刑法》第 263 条规定的八种处罚情节中除"抢劫致人重伤、死亡的"这一结果加重情节之外，其余七种处罚情节同样存在既遂、未遂问题，其中属抢劫未遂的，应当根据《刑法》关于加重情节的法定刑规定，结合未遂犯的处理原则量刑。

（3）2013 年 4 月 4 日起施行的《最高人民法院、最高人民检察院关于办理盗窃刑事案件适用法律若干问题的解释》第 12 条第 2 款规定，盗窃既有既遂，又有未遂，分别达到不同量刑幅度的，依照处罚较重的规定处罚；达到同一量刑幅度的，以盗窃罪既遂处罚。

（4）2011 年 4 月 8 日起施行的《最高人民法院、最高人民检察院关于办理诈骗刑事案件具体应用法律若干问题的解释》第 6 条规定，诈骗既有既遂，又有未遂，分别达到不同量刑幅度的，依照处罚较重的规定处罚；达到同一量刑幅度的，以诈骗罪既遂处罚。

✑ 卢卢提醒

　　本考点的核心问题是量刑规则、结果加重犯、情节加重犯是否存在未遂。

真题索引

1.（2017/2/5-单）甲冒充房主王某与乙签订商品房买卖合同，约定将王某的住房以 220 万元卖给乙，乙首付 100 万元给甲，待过户后再支付剩余的 120 万元。办理过户手续时，房管局工作人员识破甲的骗局并报警。

问题：甲的行为如何定性？

[主观题标答]

（1）观点一：根据司法解释的规定，诈骗既有既遂，又有未遂，达到同一量刑幅度的，以诈骗罪既遂处罚。本案中，甲诈骗乙欲获得220万元，但实际成功获得100万元即既遂，未获得120万元即未遂，达到同一量刑幅度，最终以合同诈骗罪100万元既遂论处，未获得的120万元作为酌定的情节加以考虑即可。

（2）观点二：如果认为合同诈骗罪中的"数额特别巨大"属于单纯的量刑规则，必须客观上满足"数额特别巨大"的规定方可适用升格法定刑，那么，本案中，甲诈骗乙欲获得220万元，但实际成功获得100万元，满足合同诈骗罪中的"数额特别巨大"这一量刑幅度，最终以合同诈骗罪100万元既遂论处，未获得的120万元作为酌定的情节加以考虑即可。

2.（2020/客观题回忆版）甲深夜在某路口对被害人腹部连捅20刀，待被害人倒在血泊中，甲随即取走其身上所有的财物，仓皇逃跑。后来被害人被路人及时送往医院救治，经过医生的紧急抢救，被害人最终坚强地活了下来。

问题：甲的行为如何定性？

[主观题标答] 无论是司法解释的规定还是理论上多数人的观点，均认为"抢劫致人重伤、死亡的"存在既遂、未遂问题，其中属抢劫未遂的，应当根据《刑法》关于加重情节的法定刑规定，结合未遂犯的处理原则量刑。本案中，甲成功获得财物，构成抢劫罪基本犯既遂，同时在适用抢劫致人死亡的加重法定刑的前提下，结合未遂犯的处理原则对其量刑。

3.（2016/主观题节选）孙某对赵某说："你做了一件对不起朋友的事，我也做一件对不起朋友的事。你将那幅名画（价值800万元）给我，否则向公安机关揭发你的杀人罪行。"3日后，赵某将一幅赝品（价值8000元）交给孙某。

问题：孙某向赵某索要名画的行为构成何罪（说明理由）？关于法定刑的适用与犯罪形态的认定，可能存在哪几种观点？

[主观题标答] 孙某以揭发赵某的杀人行为相要挟，欲获得800万元的财物即属于"数额特别巨大"，但实际获得8000元的财物即属于"数额较大"，虽然构成敲诈勒索罪，但对于适用何种法定刑，存在如下处理意见：

（1）观点一：若认为"数额特别巨大"这一量刑规则存在未遂即属于构成要件，那么，孙某的行为既在适用敲诈勒索"数额特别巨大"的法定刑基础上，同时适用刑法总则关于犯罪未遂的规定，又适用敲诈勒索"数额较大"的法定刑，两者择一重处罚。

（2）观点二：若认为"数额特别巨大"这一量刑规则不存在未遂即属于单纯的量刑规则，那么，孙某的行为仅适用敲诈勒索"数额较大"的法定刑，同时将欲敲诈勒索"数额特别巨大"作为酌定的量刑情节即可。

观点展示 10　中止的自动性认定

📎 考情提示

年　　份	题　　　型	
	客观题	主观题
2021 年	×	两次主观题的部分情节
2019 年	多项选择题	×
其他年份	×	

📎 考点总结

成立犯罪中止要求行为人"自动"放弃犯罪或者"自动"有效地防止犯罪结果发生。那么，如何判断"自动"呢？如果具有"自动性"，则可认定构成犯罪中止。

1. 关于自动性的观点

（1）观点一：限定主观说认为，只有基于悔悟、同情等对自己的行为持否定评价的规范意识、感情或者动机而放弃犯罪的，才是自动中止，此外的场合都是未遂。此观点对于行为人的"自动性"要求极高。

（2）观点二：主观说（通说）认为，行为人放弃犯罪的动机是基于对外部障碍的认识时，就是未遂，此外的场合便是自动中止。其判断基准是弗兰克（Frank）公式：能达目的而不欲时，为犯罪中止；欲达目的而不能时，为犯罪未遂。此观点对于行为人的"自动性"判断以行为人的主观为标准。

（3）观点三：客观说认为，应根据社会的一般观念对没有既遂的原因（引起行为人放弃犯罪或防止结果发生的现象）进行客观评价，如果当时的情况对一般人不会产生强制性影响，即一般人处于该情况下不会放弃犯罪，而行为人放弃的，便是犯罪中止；如果当时的情况能对一般人产生强制性影响，即一般人在当时的情况下也会放弃犯罪，而行为人放弃的，便是犯罪未遂。此观点对于行为人的"自动性"判断以一般人的主观为标准。

2. 具体判断方法（折中说是命题人的思路）

在判断具体的行为是否具有自动性时，可以采取逐步判断的方法：

首先，采取限定主观说进行判断。行为人基于悔悟、同情等对自己的行为持否定评价的规范意识、感情或者动机而放弃犯罪的，充分表明行为人回到了合法性轨道，应认为具有自动性。

其次，在根据限定主观说得出了否定结论后，再根据主观说，采用上述弗兰克公式进行判断。此时，"能达目的而不欲"中的"能"，应以行为人的认识为标准进行判断，而不是根据客观事实进行判断，也不是同时根据主观认识与客观事实进行判断。即只要行为人主观上认为可能既遂而不愿达到既遂的，也是中止（不能犯除外）；反之，只要行为人认为不可能既遂而放弃的，即使客观上可能既遂，也是未遂。

最后，根据主观说、限定主观说仍难以得出结论或者结论不具有合理性的场合，应当参考客观说进行判断。之所以应当参考客观说，是因为如果一般人在当时的情况下也会放弃犯罪时，行为人放弃的，不能表明行为人没有特殊预防的必要性（成立未遂）；反之，如果一般人在当时的情况下不会放弃犯罪时，行为人放弃的，则能说明行为人没有特殊预防的必要性（成立中止）。

[例1] 甲已经近距离地将枪对准了乙的头部，正欲扣动扳机时，警察在 100 米外喊"住手"，甲便逃走。事实上，甲在当时的情况下，完全可能在警察抓获自己之前将乙打死，甲也意识到了这一点，但不想被警察当场抓获而逃走。如果认为甲是为了逃避刑罚处罚而放弃，事实上属于能达目的而不欲，则不影响犯罪中止的成立。但恐怕很少有人赞成这一结论。在这种情况下，应参考客观说，认定甲属于欲达目的而不能，进而得出不成立中止犯的结论更为合适。

[例2] 张三在外地打工期间，于黑夜里实施抢劫行为，抢劫过程中发现对方是自己的胞兄，于是停止了抢劫行为。在适用弗兰克公式时，如果从物理的角度考虑，张三仍然能够抢劫其胞兄的财产却放弃，应属于犯罪中止；倘若从心理的角度考虑，张三不能继续抢劫其胞兄的财产，故属于犯罪未遂。在这种场合，宜参考客观说，认定张三属于欲达目的而不能，因而不成立中止犯。

📝 **卢卢提醒**

本考点的核心问题是依主观说，"能而不欲"系中止，"欲而不能"系未遂，但是遇到疑难案件，能否仍然简单按照这个方法来判断，要具体分析。

📕 **真题索引**

1.（2021/主观题节选）赵某的妻子万某得知赵某的罪行，劝其自首。赵某不予理睬，万某遂以离婚并带走两个孩子相威胁，赵某恼羞成怒用皮带勒住万某脖子欲杀死万某。万某大声呼叫，引来二人的孩子（一个3岁，一个5岁）。赵某见状，认为在孩子面前杀害妻子影响不好，遂放弃杀害行为，但造成万某轻微伤。

问题：赵某构成故意杀人罪未遂还是中止？理由是什么？

[主观题标答]

（1）观点一：赵某构成故意杀人罪未遂。本案中，赵某并非基于真诚的悔悟、同情而放弃杀害妻子，不能表明其回到了合法性轨道，根据限定的主观说不应认为赵某具有自动性。根据主观说，虽然可以认为赵某自认为可能故意杀人既遂而不愿达到既遂，仍然构成故意杀人罪中止，但是恐怕很少有人赞成这一结论，此时应当参考客观说。因为一般人在当时的情况下均会放弃犯罪，赵某放弃，不能表明其具有自动性，赵某仍然构成故意杀人罪未遂。

（2）观点二：赵某构成故意杀人罪中止。本案中，虽然赵某并非基于真诚的悔悟、同情而放弃杀害妻子，不能表明其回到了合法性轨道，根据限定的主观说不应认为赵某具有自动性，但根据主观说，仍然可以认为赵某自认为可能故意杀人既遂而不愿达到既遂，构成故意杀人罪中止。

2.（2021/主观题节选）甲欲贩卖毒品给乙，与乙商量在天桥下某处交易。甲提前到达地点之后，发现附近有交警正在处理交通事故，遂心生恐惧离开现场，但并没告诉乙。乙按照约定时间来到约定地点，发现甲并不在现场，觉得甲爽约，遂出于报复心理报警。后公安机关将甲抓获。

问题：甲是否构成贩卖毒品罪中止？各自的理由是什么？

[主观题标答]

（1）观点一：甲不构成贩卖毒品罪中止。本案中，甲并非基于真诚的悔悟而放弃贩卖毒品的行为，不能表明其回到了合法性轨道，根据限定的主观说不应认为甲具有自动性。根据主观说，虽然仍然可以认为甲自认为可能贩卖毒品既遂而不愿达到既遂，构成贩卖毒品罪中止，但是恐怕很少有人赞成这一结论，此时应当参考客观说。因为一般人在当时的情况下均会放弃实施贩卖毒品的行为，甲放弃，不能表明其具有自动性，不构成贩卖毒品罪中止，而应认为构成贩卖毒品罪预备。

（2）**观点二**：甲构成贩卖毒品罪中止。本案中，虽然甲并非基于真诚的悔悟而是基于恐惧放弃贩卖毒品的行为，不能表明其回到了合法性轨道，根据限定的主观说不应认为具有自动性，但根据主观说，仍然可以认为甲自认为可能贩卖毒品既遂而不愿达到既遂，构成贩卖毒品罪中止。

观点展示 11 犯罪共同说与行为共同说

📌 考情提示

年　份	题　　　　型	
	客观题	主观题
2010 年	单项选择题第 6 题 A	×
2008 年（延考）	单项选择题第 6 题	×
2004 年	不定项选择题第 87 题	×
其他年份	×	

📌 考点总结

《刑法》第 25 条［共同犯罪的概念］　共同犯罪是指 2 人以上共同故意犯罪。

2 人以上共同过失犯罪，不以共同犯罪论处；应当负刑事责任的，按照他们所犯的罪分别处罚。

1. 一般来说，犯罪共同说包括完全犯罪共同说与部分犯罪共同说。

（1）完全犯罪共同说认为，数人共同实施特定的故意犯罪（一个犯罪）方可成立共同犯罪，因此，各共犯人成立的罪名必须具有同一性；

（2）部分犯罪共同说认为，即使数人具有不同的犯罪故意，但只要数罪之间的故意内容具有重合性，仍然可以在重合的限度内成立共同犯罪。

2. 与犯罪共同说对应的是行为共同说，其基本立场是，将"共同犯罪"中的"犯罪"两字进行扩大解释，即解释为"违法层面的危害行为即可"。共犯人通过共同实施"行为"来实现各自的犯罪，各共犯人也对自己的犯罪"行为"承担罪责，所以，共犯人相互之间的罪名不必具有同一性，共犯人之间也不要求存在共同的犯罪故意（甚至实行犯主观上是过失也可以）。在行为共同说看来，之所以处罚共犯人，是因为各共犯人对危害结果的发生具有因果关系（物理或者心理上的因果关系）。显然，从共犯的处罚根据上来说，行为共同说与因果共犯论紧密联系。

3. 无论是部分犯罪共同说还是行为共同说均坚持"客观上违法是连带的，主观上责任是个别的"，但是行为共同说将《刑法》第25条第1款中的"共同故意"解释为"共同有意识"。这就可能导致实行犯在"过失"的情况下，仍然成立共同犯罪，甚至间接正犯与共同犯罪也并非对立排斥关系。

4. 无论部分犯罪共同说还是行为共同说均认为教唆犯、帮助犯、间接正犯的成立要求行为人持有"故意"的心态。

5. 行为共同说将《刑法》第25条第2款中的"论处"解释为"可以共同犯罪论，但处罚时分别处罚"。

✍ 卢卢提醒

本考点的核心问题是在实行犯系过失的情况下，如果一概否认共同犯罪的成立，不利于解决某些疑难案件。

▶ 真题索引及写作训练

1.（2008 延/2/6-单）甲、乙上山去打猎，在一茅屋旁的草丛中，见有动静，以为是兔子，于是一起开枪，不料将在此玩耍的小孩丙打死。在丙身上，只有一个弹孔，甲、乙所使用的枪支、弹药型号完全一样，无法区分到底是谁所为。

问题：甲、乙的行为如何定性？

[主观题标答]

（1）观点一：若采部分犯罪共同说，甲、乙主观上均系过失的形态，不成立共同犯罪，丙的死亡不能归因于甲或者乙。因此，甲、乙均无罪。

（2）观点二：若采行为共同说，甲、乙虽然主观上均系过失的形态，但仍可成立共同犯罪，丙的死亡能归因于甲与乙。因此，甲、乙均构成过失致人死亡罪，但应分别处罚。

2.（2004/2/87-任）甲、乙二人系某厂锅炉工。一天，甲的朋友多次打电话催其赴约，但离交班时间还有 15 分钟。甲心想，乙一直以来都是提前 15 分钟左右来接班，今天也快来了。于是，在乙到来之前，甲就离开了岗位。恰巧乙这天也有要事。乙心想，平时都是我去后甲才离开，今天迟去15分钟左右，甲不会有什么意见的。于是，乙过了正常交接班时间15分钟左右才赶到岗位。结果，由于无人看管，致使锅炉发生爆炸，损失惨重。

问题：甲、乙的行为如何定性？

[主观题标答]

（1）**观点一**：若采部分犯罪共同说，甲、乙主观上均系过失的形态，不以共同犯罪论处，但锅炉发生爆炸的危害结果仍能归因于甲与乙。因此，甲、乙均构成重大责任事故罪。

（2）**观点二**：若采行为共同说，甲、乙虽然主观上均系过失的形态，但仍可成立共同犯罪，锅炉发生爆炸的危害结果能归因于甲与乙。因此，甲、乙均构成重大责任事故罪，同时按照他们所犯的罪分别处罚。

3. 甲明知前面是村民丙，仍然欺骗乙说是野猪。于是二人同时开枪射击，丙中弹身亡，但是不知谁击中丙。

问题：甲、乙的行为如何定性？

[主观题标答]

（1）**观点一**：若采部分犯罪共同说，甲的责任要件为故意、乙的责任要件为过失，两人无"共同故意"，不成立共同犯罪，丙的死亡不能归因于甲或者乙。因此，甲构成故意杀人罪未遂，乙无罪。

（2）**观点二**：若采行为共同说，甲的责任要件为故意、乙的责任要件为过失，两人具有"共同故意"，成立共同犯罪，丙的死亡能归因于甲与乙。因此，甲构成故意杀人罪既遂，乙构成过失致人死亡罪。

4. 甲为杀害丙而对丙实施暴力，丙躲闪并拿砖块反击。此时甲的好友乙见状，误以为丙在攻击甲，遂出于制止丙行为的目的与甲一起攻击丙，丙冲着乙大喊："怎么打好人！"甲说道："你又不是好人，打的就是你！"甲、乙最终导致丙死亡，但致命伤只有一处，且不知是由甲、乙中的何人造成。

问题：甲、乙的行为如何定性？

[主观题标答]

（1）**观点一**：若采部分犯罪共同说，甲的责任要件为故意、乙的责任要件为过失（系假想防卫），两人无"共同故意"，不成立共同犯罪，丙的死亡不能归因于甲或者乙。因此，甲构成故意杀人罪未遂，乙无罪。

（2）观点二：若采行为共同说，甲的责任要件为故意、乙的责任要件为过失（系假想防卫），两人具有"共同故意"，成立共同犯罪，丙的死亡能归因于甲与乙。因此，甲构成故意杀人罪既遂，乙构成过失致人死亡罪。

观点展示 12　共犯从属性说与共犯独立性说

考情提示

年　份	题　型	
	客观题	主观题
2022 年	×	主观题部分情节
2017 年	单项选择题第 7 题	×
2012 年	×	主观题部分情节
2011 年	多项选择题第 55 题	×
其他年份	×	

考点总结

1. 共犯从属性说（通说），是指共犯人（教唆犯、帮助犯）成立犯罪至少要求实行者着手实行了犯罪的原理。主张共犯的从属性的学说称为"共犯从属性说"，与"共犯独立性说"相对立。

（1）共犯从属性说认为，如果被教唆的人即实行犯没有实行被教唆的罪，教唆者的行为不成立犯罪；如果被帮助的人即实行犯没有实行被帮助的罪，帮助者的行为不成立犯罪。

（2）根据共犯从属性理论，在处罚犯罪预备的情况下，只有当被教唆者、被帮助者即实行犯实施了预备行为，教唆者、帮助者才成立预备犯。

（3）需要注意的是，如果帮助犯、教唆犯实行犯化后无需再遵守"共犯从属性"，因为此时"帮助犯、教唆犯"自身已经变成实行犯了。需要注意的罪名是帮助恐怖活动罪、协助组织卖淫罪、帮助信息网络犯罪活动罪[1]等。

---

〔1〕 2023 年刑法主观题考查了帮助信息网络犯罪活动罪的实务认定问题。

2. 共犯独立性说即教唆独立说，主张共犯人的独立性，认为共犯人的可罚性在于共犯的行为本身，共犯人成立犯罪不一定要求实行犯着手实行犯罪。同时，我们仅需研究教唆犯的独立性问题，无需研究帮助犯的独立性问题。因此，准确来说，不存在帮助独立说。

目前只有人主张教唆独立说，其来源是《刑法》第29条第2款的规定："如果被教唆的人没有犯被教唆的罪，对于教唆犯，可以从轻或者减轻处罚。"

3. 针对前述《刑法》第29条第2款的规定，共犯从属性说与共犯独立性说的理解如下：

（1）共犯从属性说认为上述情形是指被教唆者（实行犯）已经实行了犯罪，只是没有既遂（由于意志以外的原因未得逞，即未遂；或者自动放弃犯罪或有效地防止结果发生，即中止），则教唆者（教唆犯）构成犯罪，可以从轻或者减轻处罚（适用《刑法》第29条第2款的规定之后，不再适用未遂犯的处罚规定）。对于被教唆者即实行犯犯罪未遂或者中止的，适用《刑法》第23条未遂犯、第24条中止犯的处罚规定。

（2）共犯独立性说认为上述情形是指被教唆者（实行犯）尚未实施实行行为时，即要么无任何行为，要么仅仅实施了预备行为，针对教唆犯适用《刑法》第29条第2款的处罚。被教唆者即实行犯系无罪或者犯罪预备的，适用《刑法》第22条预备犯的处罚规定。

（3）总结起来就是：共犯从属性说是通说，共犯独立性说只有教唆独立说，不存在帮助独立说。此外，当实行犯已经着手实行犯罪以后，无需研究教唆独立性的问题，因为此时实行犯已经着手了，不存在"独立"的问题。也就是说，教唆独立说只在实行犯未实施任何行为或者仅实施了预备行为的情况下，才需要研究教唆独立说。

✍ 卢卢提醒

本考点的核心问题是教唆或者帮助他人（实行犯）实施犯罪，但实行犯并无实行行为时，如何处理教唆犯、帮助犯。

▶ 真题索引

1.（2022/主观题节选）王某与郑某成立了一家公司，但经营不善，一直亏损。某日，二人合谋骗取银行贷款，王某让郑某伪造各种贷款材料，郑某伪造了部分材料，同时欺骗某保险公司的工作人员，让保险公司对其贷款提供保险，保险公司未能识破骗局而同意。王某与郑某从银行取得 600 万元贷款后逃匿。贷款到期后银行向保险公司追偿，保险公司就银行贷款本息进行了赔付。事后查明，王某对郑某欺骗保险公司的事情完全不知情。

问题：

（1）针对郑某行为的认定，主要有两种观点：第一种观点认为，郑某仅对保险公司成立保险诈骗罪；第二种观点认为，郑某既对保险公司成立保险诈骗罪，也对银行成立贷款诈骗罪，二者为牵连犯，应当从一重罪处罚。请说明两种观点的理由与不足（如果认为有），你持什么观点（可以是两种观点之外的观点）？理由是什么？

（2）针对王某行为的认定（包括犯罪形态）可能存在哪些观点？各种观点的理由是什么？

［主观题标答］

（1）郑某的行为定性

❶认为郑某仅对保险公司成立保险诈骗罪的理由是：一方面，郑某采取欺骗手段骗取保险公司的信任，为其向银行贷款提供保险（属于财产性利益，可以成为保险诈骗罪的对象），并且最终就银行贷款本息进行了赔付，导致保险公司遭受了财产损失，因此，针对保险公司郑某构成保险诈骗罪。另一方面，郑某虽然以非法占有为目的，骗取银行信任并获得贷款 600 万元，但是银行通过保险公司的保险获得了赔付，其最终并未遭受财产损失，不符合诈骗类行为的客观表现。因此，针对银行郑某不单独构成贷款诈骗罪。

❷认为郑某既对保险公司成立保险诈骗罪，也对银行成立贷款诈骗罪，二者为牵连犯，应当从一重罪处罚的理由是：一方面，如前所述，郑某对保险公司成立保险诈骗罪；另一方面，郑某以非法占有为目的，骗取银行信任并获得贷款 600 万元，虽然银行通过保险公司的保险获得了赔付，但不能认为银行挽回自己的损失等于未遭受财产损失。况且，郑某在获得银行贷款时就已经成立贷款诈骗罪的既遂。最终，由于此类案件比较常见，郑某的保险诈骗罪属于手段行为，贷款诈骗罪属于目的行为，二者为牵连犯，应当从一重罪处罚。

❸我赞同郑某既对保险公司成立保险诈骗罪，也对银行成立贷款诈骗罪（并非事后不可罚的行为），二者为牵连犯，应当从一重罪处罚。

（2）王某行为的定性

❶如前所述，当郑某的行为仅认定为保险诈骗罪时，虽然王某教唆郑某实施贷款诈骗行为，但郑某并未实施该行为，因此，根据共犯的从属性，王某的行为难以认定为贷款诈骗罪；根据教唆独立说，王某的行为构成贷款诈骗罪的教唆未遂，适用《刑法》第 29 条第 2 款的规定："如果被教唆的人没有犯被教唆的罪，对于教唆犯，可以从轻或者减轻处罚。"此外，王某对于郑某欺骗保险公司的事情完全不知情，最终王某亦不构成保险诈骗罪。

❷如前所述，当郑某既对保险公司成立保险诈骗罪，也对银行成立贷款诈骗罪时，由于王某对于郑某欺骗保险公司的事情完全不知情，其仅参与了贷款诈骗罪的行为，因此，王某与郑某仅构成贷款诈骗罪的共同犯罪。

2. （2012/主观题节选）陈某对丈夫李某说："（黄某）这种人太贪心，咱可把钱偷回来。"李某赞同，遂深夜到黄家伺机作案，但未能发现机会，便将黄某的汽车玻璃（价值 1 万元）砸坏。

问题：**对陈某让李某盗窃及汽车玻璃被砸坏一事，二人应如何定罪？为什么？**

［主观题标答］

（1）本题涉及旧题新做的问题。

❶**观点一**：根据教唆独立说，陈某构成盗窃罪的教唆犯，属于教唆未遂，适用《刑法》第 29 条第 2 款的规定；李某构成盗窃罪预备（原则上不处罚）。

❷**观点二**：根据共犯从属性说，陈某构成盗窃罪预备，系教唆犯；李某亦构成盗窃罪预备，系实行犯。对其均可适用《刑法》第 22 条第 2 款的规定（原则上不处罚）。

（2）李某另构成故意毁坏财物罪。本案中，陈某只是教唆李某实施盗窃行为，李某将汽车玻璃砸坏这一结果属于超过共同故意之外的过限行为，由李某自己负责。

3. （2011/2/55-多-A）甲教唆赵某入户抢劫，但赵某接受教唆后实施拦路抢劫。

问题：**甲、赵某的行为如何定性？**

［主观题标答］根据共犯从属性说，由于实行犯赵某仅仅实施了拦路抢劫，因此，甲、赵某系普通抢劫罪的共犯，甲系教唆犯，赵某系实行犯；而根据教唆独立说，甲同时构成入户抢劫的教唆未遂与普通抢劫的教唆既遂，想象竞合，但甲、赵某仍在普通抢劫罪的范围内成立共犯。

4. （2011/2/55-多-C）丙以为钱某要杀害他人为其提供了杀人凶器，但钱某仅欲伤害他人而使用了丙提供的凶器。

问题：**丙、钱某的行为如何定性？**

[主观题标答] 根据共犯从属性说（不存在共犯独立说），由于实行犯钱某仅仅实施了伤害行为，因此，丙、钱某均系故意伤害罪的共犯，丙系帮助犯，钱某系实行犯，丙对钱某造成的伤害结果承担责任。此外，理论上丙还可被称为"故意杀人罪的帮助犯未遂（不可罚）"。

5. （2011/2/55-多-B）乙为吴某入户盗窃望风，但吴某入户后实施抢劫行为。

问题：**乙、吴某的行为如何定性？**

[主观题标答] 根据共犯从属性说（不存在共犯独立说），由于实行犯吴某实施了抢劫行为（其中包含盗窃行为），因此，乙、吴某在盗窃罪的范围内成立共同犯罪，乙系帮助犯，吴某系实行过限，最终构成抢劫罪。

6. （2017/2/7-单）甲欲杀丙，假意与乙商议去丙家"盗窃"，由乙在室外望风，乙照办。甲进入丙家将丙杀害，出来后骗乙说未窃得财物。乙信以为真，悻然离去。

问题：**甲、乙的行为如何定性？**

[主观题标答]

（1）**观点一**：甲欺骗乙去丙家盗窃，但事实上却实施了杀人行为，因此构成故意杀人罪的直接正犯，同时，其吸收自身的非法侵入住宅行为，以故意杀人罪既遂论处。而乙仅具有盗窃的故意，对于甲的故意杀人行为不承担责任。

（2）**观点二**：乙主观上具有帮助甲盗窃的故意，但是甲并无实施盗窃的实行行为，根据共犯的从属性理论，乙的行为亦不可罚，属于盗窃罪的帮助犯未遂（不可罚）。同时，乙明知道甲非法侵入丙的住宅而实施望风行为，可单独评价为非法侵入住宅罪既遂的帮助犯，甲属于非法侵入住宅罪的实行犯，两人系共犯。

观点展示 13 片面共犯

年　份	题　　　　型	
	客观题	主观题
2017 年	多项选择题第 54 题	×
其他年份	×	

考点总结

1. 片面共犯，是指参与同一犯罪的人中，一方认识到自己是在和他人共同犯罪，而另一方没有认识到有他人和自己共同犯罪。

2. 片面共犯仅对知情的一方适用共犯的处罚原则，对不知情的一方不适用共犯的处罚原则。

3. 片面共犯的类型包括片面的帮助犯、片面的教唆犯、片面的实行犯。

（1）只有片面的帮助犯没有争议。

（2）片面的教唆犯、片面的实行犯则存在肯定说与否定说。同时，由于实行犯、教唆犯与帮助犯属于包容关系，如果不承认片面的实行犯、片面的教唆犯（即采否定说），可以降格评价为片面的帮助犯。

写作训练

1. 甲明知乙正在追杀丙，由于其与丙有仇，便暗中设置障碍物将丙绊倒，从而使乙顺利地杀害了丙。

问题：甲、乙的行为如何定性？

[主观题标答] 甲单方面帮助乙杀害了丙，其行为与丙的死亡之间存在因果关

系，无论采取何种观点，甲均构成故意杀人罪的片面帮助犯；而乙认为自己系单独犯罪，构成故意杀人罪的实行犯。

2. 乙正欲对丙实施强奸行为，甲在乙不知情的情况下，为了帮助乙顺利实施强奸，使用暴力将丙打晕（轻微伤），乙得以顺利实施奸淫行为。

问题：甲、乙的行为如何定性？

[主观题标答] 目前刑法理论上对于是否承认片面的共同实行犯有异议。

（1）观点一：如果采肯定说，甲成立强奸罪的片面共同正犯，乙单独成立强奸罪的实行犯；

（2）观点二：如果采否定说，甲不成立强奸罪的片面共同正犯，但仍成立强奸罪的片面帮助犯，乙单独成立强奸罪的实行犯。

3. 某日夜晚，乙发现曾多次实施盗窃行为的甲将要侵入丙家盗窃，在甲不知情的情况下，主动为甲望风，但在望风过程中没有发现任何异常，甲窃取了丙的 2 万元现金。

问题：甲、乙的行为如何定性？

[主观题标答] 无论采取何种观点，由于乙的望风行为与甲的盗窃结果没有因果力，故不能将甲的盗窃结果归属于乙的行为，乙不成立犯罪，不属于片面的帮助犯。甲单独构成盗窃罪既遂，系实行犯。

4. 某日夜晚，乙发现曾多次实施盗窃行为的甲将要侵入丙家盗窃，遂在甲不知情的情况下，主动为甲望风。在望风过程中，乙发现丙回来，于是与丙聊天，拖延丙回住宅的时间，待甲窃取财物从丙家出来后，乙才离开。

问题：甲、乙的行为如何定性？

[主观题标答] 无论采取何种观点，本案中，如果没有乙的行为，甲的盗窃就不能得逞，故乙的行为与甲的盗窃结果之间具有物理上的因果力，应将盗窃结果同时归属于乙的行为；乙主观上具备帮助甲盗窃的故意，故乙成立盗窃罪，系片面的帮助犯。甲单独构成盗窃罪既遂，系实行犯。

5. 乙请甲为自己的盗窃望风，仅要求甲看到主人丙回家时就电话告诉他。乙在户内盗窃时，甲看到丙回家，使用暴力阻拦，将丙打成重伤。乙盗窃既遂，但对外面的情节不知情。

问题：甲、乙的行为如何定性？

[主观题标答]

（1）观点一：如果采肯定说，承认片面的共同正犯，甲成立抢劫致人重伤，属于片面的共同正犯；乙仅成立盗窃罪既遂。

（2）观点二：如果采否定说，不承认片面的共同正犯，甲成立故意伤害致人重伤，同时成立盗窃罪的帮助犯，想象竞合，择一重罪论处；乙仅成立盗窃罪既遂。

6. 乙正在举枪射击丙，为了确保丙的死亡，甲在乙的背后，于乙不知情的情况下，与乙同时开枪射击。丙中弹身亡，但不能查明丙被谁击中。

问题：甲、乙的行为如何定性？

[主观题标答] 无论采取何种观点，甲、乙的行为均构成故意杀人未遂。

关于甲的行为，在理论上对于是否承认片面的共同正犯存在肯定说与否定说：

（1）若采肯定说，即使理论上承认片面的共同正犯，由于甲对于丙的死亡是否具有因果关系无法查清，根据存疑时作有利于行为人的推断，推断丙的死亡结果与甲的行为无关，甲不构成故意杀人的片面共同正犯，直接认定为故意杀人罪未遂即可；

（2）若采否定说，虽然即使不承认片面的共同正犯，仍要承认片面的帮助犯，但由于甲对于丙的死亡是否具有因果关系无法查清，根据存疑时作有利于行为人的推断，推断丙的死亡结果与甲的行为无关，甲亦不构成故意杀人的片面帮助犯，直接认定为故意杀人罪未遂即可；

（3）由于乙对于甲的行为并不知情，应以单独犯罪处理，但根据存疑时作有利于行为人的推断，推断丙的死亡结果与乙的行为无关，亦直接认定为故意杀人罪未遂。

✍️ 卢卢提醒

本考点的核心问题是片面共犯的成立条件和种类如何。

◀ 真题索引

（2017/2/54-多）甲知道乙计划前往丙家抢劫，为帮助乙取得财物，便暗中先赶到丙家，将丙打昏后离去（丙受轻伤）。乙来到丙家时，发现丙已昏迷，以为是丙疾病发作晕倒，遂从丙家取走价值 5 万元的财物。

问题：甲、乙的行为如何定性？

[主观题标答]

（1）如果采肯定说，承认片面的共同正犯，本案中，甲将丙打晕让乙顺利获得财物的行为，成立抢劫罪（致人轻伤）的片面共同正犯；而不知情的乙仅单独成立盗窃罪既遂，系实行犯。

（2）如果采否定说，否定片面的共同正犯，但此时仍然承认片面的帮助犯，本案中，甲将丙打晕让乙顺利获得财物的行为，成立故意伤害罪（轻伤），同时构成盗窃罪的片面帮助犯，想象竞合，择一重罪论处；而不知情的乙仅单独成立盗窃罪既遂，系实行犯。

观点展示 14 承继的共犯

考情提示

年　份	题　型	
	客观题	主观题
2021 年	×	部分情节
2007 年	多项选择题第 53 题	×
其他年份	×	

考点总结

1. 承继的共犯，是指先行为人已经实施了一部分实行行为之后，后行为人以共犯的故意参与实行犯罪（承继的实行犯）或者提供帮助（承继的帮助犯）的情况。

2. 一般而言，承继的共犯必须要在先实行犯尚未犯罪既遂的情况下参与犯罪进程。但是，在继续犯的场合，即使先实行犯已经实施至犯罪既遂，只要犯罪行为还没有完全停止，后行为人仍然可以加入进来成立承继的共犯。

3. 承继的共犯对参与之前的先实行犯的行为产生的结果不承担责任，仅对其加入后的共同犯罪结果承担责任。

[例 1] 甲入户抢劫，在户内电话通知乙为自己的抢劫望风，乙赶到后在户外望风。甲、乙成立抢劫罪的共同犯罪，甲是实行犯，并属于"入户抢劫"；乙成立抢劫罪的承继的帮助犯，但不属于"入户抢劫"。

[例 2] 甲单独入室盗窃被发现后，向被害人腹部猛踢一脚，被害人极力抓捕甲，经过现场的乙接受甲的援助请求并知道真相后，也向被害人的腹部猛踢一脚，被害人因脾脏破裂流血过多而死亡，但不能查明谁的行为导致其脾脏破裂。

乙与甲构成事后抢劫的共犯，但死亡结果只能由甲承担。

4. 承继的行为性质

原则上，后行为人参与的行为性质与前行为人的行为性质相同。亦即，中途参与他人的抢劫行为的，成立抢劫罪；中途参与杀人的，成立故意杀人罪；中途参与他人的诈骗行为的，成立诈骗罪；等等。

5. 值得注意的是以下几种情形[1]：

（1）在诈骗、敲诈勒索之类的犯罪中，前行为人实施了欺骗、恐吓行为之后，后行为人只是参与接受财物的：

❶肯定说（通说）认为，后行为人应认定为承继的帮助犯。因为后行为人的行为既是构成要件行为的一部分，也的确与结果的发生具有物理上的因果关系。

❷否定说（少数说）认为，后行为人并未参与诈骗、敲诈勒索，因此后行为人的行为往往不成立犯罪。

（2）在抢劫罪中，前行为人实施了暴力、胁迫等行为，后行为人参与了取走财物的行为的：

❶肯定说（通说）认为，后行为人的行为成立抢劫罪；

❷否定说（少数说）认为，后行为人的行为只能认定为盗窃罪。

（3）在其他可能存在复行为的犯罪中，后行为人参与后一行为的，原则上也应按前行为人的行为性质认定。

[例] 甲以强奸故意对妇女实施暴力行为，压制了妇女的反抗。中途参与的乙实施奸淫行为或者帮助甲实施奸淫行为的，成立强奸罪的正犯、共同正犯或者承继的帮助犯。

（4）在类似结合犯中，后行为人仅参与后一犯罪的，则不构成类似结合犯，仅成立后一犯罪。因为类似结合犯是两个独立的犯罪类型的结合，换言之，两个犯罪原本是独立的、分离的，既然如此，就应当分别认定各参与人的行为性质。

[例1] 甲绑架丙后，没能向丙的家属要到钱，便决意撕票。此时，乙接受甲的请求参与进来共同杀死丙。乙不成立绑架罪，成立故意杀人罪。

---

〔1〕 参见张明楷：《刑法学》（第6版），法律出版社2021年版，第587、588页。

[例2] 甲拐卖妇女丙后，乙与甲共同强奸了丙。乙不成立拐卖妇女罪，仅成立强奸罪。

（5）在轮奸犯罪中，前行为人使用暴力强奸妇女后，与前一奸淫行为无因果性的后行为人强奸同一妇女的，后行为人仅成立普通强奸罪；只要前行为人应对后行为人的强奸结果负正犯责任（如前行为人的暴力行为使妇女丧失反抗能力，并且明知后行为人强奸该妇女），就应对前行为人适用轮奸的规定。

✍ 卢卢提醒

本考点的核心问题是承继共犯的成立条件、责任如何承担，存在不同观点的情形有哪些。

▶ 真题索引

1.（2007/2/53-多）周某为抢劫财物在某昏暗场所将王某打昏。周某的朋友高某正好经过此地，高某得知真相后应周某的要求提供照明，使周某顺利地将王某钱包拿走。

问题：周某、高某的行为如何定性？

[主观题标答] 本案中，周某为抢劫财物在某昏暗场所将王某打昏，在尚未获得财物时高某临时加入提供照明，使周某顺利地将王某钱包拿走，两人构成抢劫罪的共同犯罪，周某系实行犯、主犯，高某系承继的帮助犯、从犯。

2.（2021/主观题节选）赵某以网上曝光周某隐私为要挟，让其给自己10万元。周某迫于无奈按照赵某的要求将10万元放在指定的垃圾桶内。随后，赵某告知刘某实情，让其将该10万元取回，并允诺平分钱款，刘某照办。

问题：有观点认为，刘某构成敲诈勒索罪，理由是什么？有观点认为，刘某构成侵占罪，理由是什么？

[主观题标答]

（1）若采肯定说，由于赵某并未在实行敲诈勒索后获得财物，根据承继的共犯原理，刘某属于赵某敲诈勒索罪承继的共犯，二人均系实行犯，犯罪金额均为10万元；

（2）若采否定说，虽然赵某并未实际获得财物，但是其敲诈勒索行为已经实施完毕，刘某无法承继到赵某的行为之中，同时该10万元现金属于无人占有的财物，刘某拾得周某的遗忘物，构成侵占罪。

观点展示 15　法条竞合与想象竞合

年　份	题　型	
	客观题	主观题
2021 年	客观题考查	其中一轮主观题的部分情节
2004 年	不定项选择题第 86 题 A	×
其他年份	×	

考点总结

1. 想象竞合是"动态"的竞合，法条竞合是"静态"的竞合。

2. 法条竞合，是指一个行为同时符合了数个法条规定的犯罪构成，但从数个法条之间的逻辑关系来看，只能适用其中一个法条，当然排除适用其他法条的情况，具有不法的包容性，即适用一个法条即可完整评价行为人的行为。

3. 法条竞合的处理

（1）存在法条竞合时，原则上特别法条优于普通法条，但行为不符合特别法条却符合普通法条时，应按普通法条处理。

（2）当存在法条竞合时，如果一律坚持"特别法条优于普通法条"无法做到罪刑相适应时的处理：

❶观点一：在坚持法条竞合的关系固定不变的前提下，为了做到罪刑相适应，采取"重法优于轻法"的处理原则；

❷观点二：认为法条竞合关系不是固定不变的，为了做到罪刑相适应，可以将法条竞合转化为想象竞合。

［例1］根据《刑法》第 149 条第 2 款的规定，行为触犯《刑法》第 141~

148 条规定的具体生产、销售伪劣商品犯罪，同时又构成《刑法》第 140 条规定的生产、销售伪劣产品罪，依处罚较重的规定定罪处罚。

[例 2] 一般情况下，故意杀人罪与故意伤害罪之间是法条竞合关系。但是，甲杀害乙，导致乙重伤时，甲同时构成故意杀人罪未遂和故意伤害罪（重伤）既遂。如果一定要以故意杀人罪未遂论处，有可能量刑比故意伤害罪（重伤）既遂轻，这显然不合适。此时，理应按照故意杀人罪未遂和故意伤害罪（重伤）既遂的想象竞合对其定罪量刑。

▶ 写作训练

若认为保险诈骗罪与（合同）诈骗罪系法条竞合关系，兹有行为人甲编造虚假的保险事故骗取保险公司保险金 500 余万元。

问题：**甲的行为如何定性？**

[主观题标答] 甲的行为同时触犯了保险诈骗罪与（合同）诈骗罪，若坚持特别法条即保险诈骗罪优于普通法条即（合同）诈骗罪，那么容易导致罪刑不均衡，即使骗取多达 500 万元保险金，也只能认定最高刑为 15 年有期徒刑。此时，可能的处理路径为：

（1）坚持保险诈骗罪与（合同）诈骗罪的法条竞合关系固定不变，但此时采取"重法优于轻法"的处理原则，只能认定为合同诈骗罪（不适用诈骗罪是因为诈骗罪的法条中已经排除自身适用）；

（2）保险诈骗罪与（合同）诈骗罪的法条竞合关系不是固定不变的，为了实现罪刑均衡，将两罪之间的法条竞合关系转化为想象竞合关系，最终以诈骗罪或者合同诈骗罪处罚。

✎ 卢卢提醒

本考点的核心问题是在法条竞合中，如果一律坚持"特别法条优于普通法条"，无法做到罪刑相适时应如何处理。

▶ 真题索引

1.（2021/主观题节选）赵甲潜逃后，为了维持生计，向好友王某借款 10 万元，与孙某合伙在某城中村开了个小商店，将价值 20 元的低档白酒当作价值 3000 元的高档白酒出售给他人，共获利 60 余万元。赵甲认为孙某没有起到什么作用，只分给孙某 5 万元。

问题：有观点认为赵甲、孙某构成销售伪劣产品罪，你赞同还是反对？理由是什么？

[主观题标答]

（1）**观点一：**赞同。根据司法解释的规定，以低等级、低档次产品冒充高等级、高档次产品，属于生产、销售伪劣产品罪中的"以次充好"。本案中，赵甲、孙某"将价值 20 元的低档白酒当作价值 3000 元的高档白酒出售给他人"即属此类情况，因此，两人构成销售伪劣产品罪。同时本罪也属于诈骗罪的特别法条，本案只需认定为销售伪劣产品罪即可。

（2）**观点二：**反对。根据司法解释的规定，以低等级、低档次产品冒充高等级、高档次产品，属于生产、销售伪劣产品罪中的"以次充好"。本案中，赵甲、孙某"将价值 20 元的低档白酒当作价值 3000 元的高档白酒出售给他人"即属此类情况，因此，两人构成销售伪劣产品罪。同时两人的行为也构成诈骗罪，而诈骗罪的法益是公私财产，销售伪劣产品罪保护的法益是市场经济秩序，两罪保护的法益不同，两罪属于想象竞合的关系，最终以销售伪劣产品罪与诈骗罪，择一重罪论处。

2.（2004/2/86-任-A）《刑法》第 266 条规定的诈骗罪的法定最高刑为无期徒刑，而第 198 条规定保险诈骗罪的法定最高刑为 10 年以上有期徒刑。为了保持刑法的协调和实现罪刑相适应原则，对保险诈骗数额特别巨大的，应以诈骗罪论处。

问题：请阐释上述结论的分析路径。

[主观题标答]

（1）**观点一：**如果认为保险诈骗罪与（合同）诈骗罪的法条竞合关系是固定不变的，当适用特别法条（保险诈骗罪）不能做到罪刑相适应时，可以选择重法（普通法）优于轻法（特别法）的原则。但是，本案中，只能选择合同诈骗罪，不能选择诈骗罪。因为诈骗罪（《刑法》第 266 条）中明确规定，在法条竞合的前提下，"本法另有规定的，依照规定"，已经强制排除了普通法的适用。

（2）**观点二：**如果认为保险诈骗罪与（合同）诈骗罪的法条竞合关系不是固定不变的，为了实现罪刑均衡，将两罪之间的法条竞合关系转化为想象竞合关系，最终以诈骗罪或者合同诈骗罪处罚。

观点展示 16 交通肇事罪

年 份	题 型	
	客观题	主观题
2016 年	不定项选择题第 86 题	×
2014 年	单项选择题第 13 题	×
2013 年	不定项选择题第 86、87 题	×
2007 年	单项选择题第 9 题	×
2006 年	单项选择题第 11 题	×
其他年份	×	

▶ 考点总结

《刑法》第 133 条 ［交通肇事罪］ 违反交通运输管理法规，因而发生重大事故，致人重伤、死亡或者使公私财产遭受重大损失的，处 3 年以下有期徒刑或者拘役；交通运输肇事后逃逸或者有其他特别恶劣情节的，处 3 年以上 7 年以下有期徒刑；因逃逸致人死亡的，处 7 年以上有期徒刑。

1. 司法解释关于交通肇事罪法定刑适用的规定

［第 1 档］3 年以下有期徒刑或者拘役（罪与非罪的界限）：

（1）死亡 1 人或者重伤 3 人以上，负事故全部或者主要责任。

（2）死亡 3 人以上，负事故同等责任。

（3）造成公共财产或者他人财产直接损失，负事故全部或者主要责任，无能力赔偿数额在 30 万元以上的。

（4）致 1 人以上重伤，负事故全部或者主要责任，并且有下列情形之一的：

❶酒后、吸食毒品后驾驶机动车辆的；

❷无驾驶资格驾驶机动车辆的；

❸明知是安全装置不全或者安全机件失灵的机动车辆而驾驶的；

❹明知是无牌证或者已报废的机动车辆而驾驶的；

❺严重超载驾驶的；

❻为逃避法律追究逃离事故现场的。

［第 2 档］3 年以上 7 年以下有期徒刑：

（1）交通肇事后逃逸：交通肇事后为逃避法律追究而逃跑（逃逸前的行为已经构成交通肇事罪）。

（2）其他特别恶劣情节

❶死亡 2 人以上或者重伤 5 人以上，负事故全部或者主要责任的；

❷死亡 6 人以上，负事故同等责任的；

❸造成公共财产或者他人财产直接损失，负事故全部或者主要责任，无能力赔偿数额在 60 万元以上的。

［第 3 档］7 年以上有期徒刑：因逃逸致人死亡，是指行为人在交通肇事后为逃避法律追究而逃跑，致使被害人因得不到救助而死亡的情形。

2. 司法解释规定，行为人在交通肇事后为了逃避法律追究，将被害人带离事故现场后隐藏或者遗弃，致使被害人无法得到救助而死亡或者严重残疾的，应当以故意杀人罪或者故意伤害罪定罪处罚。

3. 司法解释规定，交通肇事后，单位主管人员、机动车辆所有人、承包人或者乘车人指使肇事人逃逸，致使被害人因得不到救助而死亡的，以交通肇事罪的共犯论处。

4. 司法解释规定，单位主管人员、机动车辆所有人或者机动车辆承包人指使、强令他人违章驾驶造成重大交通事故，致人重伤、死亡或者使公私财产遭受重大损失的，以交通肇事罪定罪处罚。同理，车主将自己的机动车交给醉酒者、无驾照者驾驶，没有防止伤亡结果发生的，车主与驾驶者均成立交通肇事罪。

5. "交通肇事后逃逸"与"因逃逸致人死亡"的不同观点

情　节	含　　义	
	观点一：司法解释规定	观点二：理论观点
"交通肇事后逃逸"	（1）在发生交通事故后，为逃避法律追究而逃跑的行为； （2）逃逸前的行为要求已经构成交通肇事罪。	（1）在发生交通事故后，逃避救助被害人的义务的行为； （2）逃逸前的行为要求已经构成交通肇事罪。
"因逃逸致人死亡"	（1）行为人在交通肇事后为逃避法律追究而逃跑，致使被害人因得不到救助而死亡的情形； （2）逃逸前的行为不要求已经构成交通肇事罪。	（1）在发生交通事故之后，行为人对被害人负有救助义务却不履行该义务，最终因不救助导致被害人死亡； （2）逃逸前的行为要求已经构成交通肇事罪。

✎ 卢卢提醒

　　本考点的核心问题是交通肇事罪中"交通肇事后逃逸""因逃逸致人死亡"的含义如何。

▶ 真题索引

　　1.（2007/2/9-单）根据刑法规定与相关司法解释，下列哪一选项符合交通肇事罪中的"因逃逸致人死亡"？

A. 交通肇事后因害怕被现场群众殴打，逃往公安机关自首，被害人因得不到救助而死亡

B. 交通肇事致使被害人当场死亡，但肇事者误以为被害人没有死亡，为逃避法律责任而逃逸

C. 交通肇事致人重伤后误以为被害人已经死亡，为逃避法律责任而逃逸，导致被害人得不到及时救助而死亡

D. 交通肇事后，将被害人转移至隐蔽处，导致其得不到救助而死亡

[主观题标答]

（1）A选项

❶根据司法解释的规定，本案中的行为人不存在"逃逸"行为，行为人构成交通肇事罪的基本犯与不作为的故意杀人罪的想象竞合；

❷根据理论观点，如果本案中仅有一个被害人死亡，虽然行为人的行为可以理解为"逃逸"，但是其也只能构成交通肇事罪的基本犯，同时与不作为的故意杀人罪想象竞合。

（2）B选项

❶根据司法解释的规定，本案中的行为人存在"逃逸"行为，行为人构成交通肇事罪，并适用"交通运输肇事后逃逸"的加重法定刑；

❷根据理论观点，由于被害人当场死亡，无救助可能性，所以行为人的行为不属于"逃逸"，只能构成交通肇事罪的基本犯。

（3）C选项

❶根据司法解释的规定，本案中的行为人存在"逃逸"行为，行为人构成交通肇事罪，并适用"因逃逸致人死亡"的加重法定刑；

❷根据理论观点，如果本案中仅有一个被害人死亡，虽然行为人的行为可以理解为"逃逸"，但是其也只能构成交通肇事罪的基本犯，同时与不作为的过失致人死亡罪想象竞合。

（4）D选项

❶根据司法解释的规定，本案中的行为人不存在"逃逸"行为，可能不构成交通肇事罪，可能构成作为的故意杀人罪或者过失致人死亡罪；

❷根据理论观点，如果本案中仅有一个被害人死亡，虽然行为人的行为可以理解为"逃逸"，但是其也只能构成交通肇事罪的基本犯，同时与作为的故意杀人罪或者过失致人死亡罪想象竞合。

特别提示：如果一个行为既可以从作为的角度分析，也可以从不作为的角度分析，此时应该优先认定为作为。

2.（2013/2/86、87-任）甲于某晚9时驾驶货车在县城主干道超车时，逆行进入对向车道，撞上乙驾驶的小轿车，乙被卡在车内无法动弹，乙车内黄某当场死亡、胡某受重伤。后查明，乙无驾驶资格，事发时略有超速，且未采取有效制动措施。（事实一）

甲驾车逃逸。急救人员5分钟后赶到现场，胡某因伤势过重被送医院后死

亡。（事实二）

问题：**上述事实中，行为人如何定性？**

[主观题标答]

（1）甲逆行进入对向车道，发生交通事故，导致黄某当场死亡、胡某受重伤，虽然乙无驾驶资格，事发时略有超速，但甲对于此事故的发生应承担主要责任，根据司法解释的规定，甲的行为应认定为交通肇事罪。

（2）急救人员 5 分钟后赶到现场，胡某仍因伤势过重被送医院后死亡，可见，胡某的死亡与甲的交通肇事后逃逸行为无关。因此，甲的行为属于"交通运输肇事后逃逸"，而非"因逃逸致人死亡"。

3.（2016/2/86-任）甲将私家车借给无驾照的乙使用。乙夜间驾车与其叔丙出行，途中遇刘某过马路，不慎将其撞成重伤，车辆亦受损。丙下车查看情况，对乙谎称自己留下电话叫救护车，让乙赶紧将车开走。乙离去后，丙将刘某藏匿在草丛中离开。刘某因错过抢救时机身亡。

问题：**甲、乙、丙的行为如何定性？**

[主观题标答]

（1）本案中，乙的交通肇事行为与刘某的死亡结果之间介入了丙的"抛尸"行为，该行为中断了乙的行为与刘某的死亡结果之间的因果关系，刘某的死亡结果应归属于丙，丙的行为构成作为的故意杀人罪；

（2）根据司法解释的规定，乙在没有驾驶资格证的情况下，驾车导致刘某重伤，构成交通肇事罪的基本刑，其随后逃跑，属于"交通肇事后逃逸"；

（3）甲明知乙没有驾照仍将自己的私家车借给其使用，基于监督过失，甲的行为亦构成交通肇事罪。

观点展示 17　信用卡诈骗罪

◗ 考情提示

年　　份	题　　　　型	
	客观题	主观题
2022 年	选择题考查	部分情节
2021 年	选择题考查	两次主观题的部分情节
2020 年	选择题考查	×
其他年份	常　　考	

◗ 考点总结

《刑法》第 196 条 ［信用卡诈骗罪］　有下列情形之一，进行信用卡诈骗活动，数额较大的，处 5 年以下有期徒刑或者拘役，并处 2 万元以上 20 万元以下罚金；数额巨大或者有其他严重情节的，处 5 年以上 10 年以下有期徒刑，并处 5 万元以上 50 万元以下罚金；数额特别巨大或者有其他特别严重情节的，处 10 年以上有期徒刑或者无期徒刑，并处 5 万元以上 50 万元以下罚金或者没收财产：

（一）使用伪造的信用卡，或者使用以虚假的身份证明骗领的信用卡的；

（二）使用作废的信用卡的；

（三）冒用他人信用卡的；

（四）恶意透支的。

前款所称恶意透支，是指持卡人以非法占有为目的，超过规定限额或者规定期限透支，并且经发卡银行催收后仍不归还的行为。

［盗窃罪］　盗窃信用卡并使用的，依照本法第 264 条的规定定罪处罚。

1. "信用卡"的范围。信用卡，是指由商业银行或者其他金融机构发行的具有消费支付、信用贷款、转账结算、存取现金等全部功能或者部分支付功能的电子支付卡。基于此，信用卡诈骗罪中的"信用卡"可以包含普通的信用卡、储蓄卡、借记卡，但是不能包含"存折""存单""蚂蚁花呗""京东白条""微信钱包""支付宝余额"等。

2. 在我国刑法中，信用卡诈骗罪打破了诈骗类的犯罪只能针对人而不能针对机器的一般原则。也就是说，无论对人还是对机器使用信用卡，均可构成信用卡诈骗罪。

3. 根据司法解释规定，"冒用他人信用卡"，包括以下情形：

（1）拾得他人信用卡并使用的，包括拾得他人信用卡并在自动柜员机（ATM机）上使用的行为；

（2）骗取他人信用卡并使用的；

（3）窃取、收买、骗取或者以其他非法方式获取他人信用卡信息资料，并通过互联网、通讯终端等使用的；

（4）其他冒用他人信用卡的情形。

[补充提醒1] 有观点认为，既然刑法明确规定，盗窃信用卡并使用的，构成盗窃罪。此处的信用卡应该包括信用卡信息资料，诸如账号、密码之类。因此，"以窃取的方式获取他人信用卡信息资料，并通过互联网、通讯终端等使用"的行为，也属于"盗窃信用卡并使用"，应构成盗窃罪。

4. 根据《刑法》第196条第3款的规定，盗窃信用卡并使用（无论对人还是机器）的，依照盗窃罪的规定定罪处罚；根据司法解释的规定，抢劫信用卡并使用（无论对人还是机器）的，依照抢劫罪的规定定罪处罚。

[补充提醒2] 命题人认为，"盗窃信用卡并使用"中的信用卡可以包含真实有效的信用卡，也可以是伪造、作废的信用卡；本情形的着手点是"使用时"而非盗窃信用卡时；"使用"不能包括"恶意透支"，透支的行为属于"冒用他人信用卡"；"盗窃信用卡"时为了窝藏赃物、抗拒抓捕、毁灭罪证而当场使用暴力或者以暴力相威胁的，不构成事后抢劫，但是"使用信用卡"时为了窝藏赃物、抗拒抓捕、毁灭罪证而当场使用暴力或者以暴力相威胁的，构成事后抢劫。

[补充提醒3] 命题人认为，对于抢劫信用卡的案件，应具体分析：

（1）抢劫信用卡并以实力控制被害人，当场提取现金的，应认定为抢劫罪。

抢劫数额为所提取的现金数额。

（2）使用暴力、胁迫或者其他强制手段抢劫信用卡但并未使用的，应认定为抢劫罪。抢劫数额为信用卡本身的数额（工本费等）。

（3）抢劫信用卡并在事后使用的，应将抢劫罪（针对信用卡）与信用卡诈骗罪（针对取款）实行并罚。

（4）抢劫信用卡当场取款一部分，事后取款一部分的，对当场取得财物的行为认定为抢劫罪，对事后取得财物的行为认定为信用卡诈骗罪，实行数罪并罚。

（5）一方抢劫信用卡后仍然控制着被害人，知情的另一方帮助取款的，成立抢劫罪的共犯。但比如，甲抢劫信用卡后并未控制被害人，事后乙使用甲所抢劫的信用卡的，对乙的行为应认定为信用卡诈骗罪；甲的行为认定为抢劫罪（针对信用卡）与信用卡诈骗罪（针对取款），实行并罚。

5. 争议的问题是，行为人利用支付宝、微信等支付平台，获得被害人信用卡中的财物的行为如何认定：

（1）观点一：行为人利用支付宝、微信等支付平台进而获得被害人信用卡中的财物，只要最终的财物来自于被害人的信用卡，那么，均属于司法解释中"窃取、收买、骗取或者以其他非法方式获取他人信用卡信息资料，并通过互联网、通讯终端等使用"的行为，应认定为"冒用他人信用卡"，构成信用卡诈骗罪。

（2）观点二：行为人利用支付宝、微信等支付平台进而获得被害人信用卡中的财物，只有直接、最直接使用被害人的信用卡（或者信用卡信息资料），方可认为属于司法解释中"窃取、收买、骗取或者以其他非法方式获取他人信用卡信息资料，并通过互联网、通讯终端等使用"的行为，否则只能认定为盗窃罪。同时，持有此观点的人认为信用卡诈骗罪必须针对自然人使用，对机器使用的，一律认定为盗窃罪。

6. 存款的占有问题[1]

（1）"存款"具有两种含义：①存款人（或称"持卡人"）对银行享有的债权（即存款债权）；②存款债权所指向的现金（即现金）。

---

〔1〕 参见张明楷：《刑法学》（第6版），法律出版社2021年版，第1234、1268、1326、1328页。

（2）应当认为：

首先，存款人占有（享有）了存款债权，因此，利用技术手段将他人存款债权转移于行为人账户中的，当然成立对存款债权的盗窃罪。

其次，至于存款债权所指向的现金，则由银行管理者占有，而不是存款人占有。

最后，对于银行来说，其只承认持卡人或者其他合法转入的钱款被支取，其他情形均可认为银行遭受损失。

[例1] 赵某通过技术手段，将钱某银行存折上的 9 万元存款划转到自己的账户上，过一段时间后，赵某在银行柜台将钱款取出。赵某针对钱某的存款债权成立盗窃罪，针对银行管理者占有的现金成立诈骗罪，由于侵犯的法益具有同一性，应以盗窃罪与诈骗罪择一重罪论处。

[例2] 乙将存款误划入甲的储蓄卡，甲利用储蓄卡从银行柜台（或者自动取款机）取出相应现金。甲对现金成立诈骗罪（或者盗窃罪）；诈骗（或者盗窃）的对象是银行管理者占有的现金，而不是乙占有的现金（因为乙根本没有占有现金），也不是存款债权。持卡人甲对存款债权本身构成侵占罪，由于侵犯的法益具有同一性，与前述诈骗罪（或者盗窃罪）择一重罪，以诈骗罪（或者盗窃罪）论处。

[例3] 某公司需要向客户甲支付 1 万元现金，由于公司没有现金，公司管理者将公司的储蓄卡（内有 10 万元存款）交给甲，让甲自行取款 1 万元后归还储蓄卡，但甲从银行取出了 10 万元现金据为己有。甲对银行管理者占有的 9 万元现金属于"冒用他人信用卡"，构成信用卡诈骗罪。

[例4] 持卡人甲（诈骗犯）欺骗他人，使他人将款项汇入自己的储蓄卡，然后从银行柜台（或者自动取款机）取出现金。甲对他人的存款债权构成诈骗罪，对银行管理者占有的现金成立诈骗罪（或者盗窃罪），但由于侵犯的法益具有同一性，最终从一重罪论处。

[例5] 持卡人甲将自己的储蓄卡交给乙使用（无电信诈骗的通谋），在乙实施电信诈骗后，在乙的授意之下，通过挂失从银行柜台（或者自动取款机）取出现金。甲针对存款债权构成掩饰、隐瞒犯罪所罪，针对银行占有的现金构成诈骗罪（或者盗窃罪），想象竞合，择一重罪论处。

[例6] 持卡人甲明知诈骗犯乙误将诈骗所得汇入自己的储蓄卡，仍然从银

行柜台（或者自动取款机）申领现金。甲针对现金成立诈骗罪（或者盗窃罪）。

[例7][1]（先掉卡再取款）持卡人甲将自己的储蓄卡出卖给乙，后从手机短信得知银行卡内汇入了存款，便重新以自己的身份证件挂失旧卡补办储蓄卡，进而获得钱款。可以认为甲对乙将款项存入银行所形成的债权只是占有而并非"所有"，进而成立侵占罪，针对乙"可以随时取款或转账的财产性利益"的掉卡行为成立盗窃罪，但由于侵犯的法益具有同一性，应当以盗窃罪论处。注意，甲的掉卡行为即"挂失旧卡补办新卡"虽然对银行管理者实施了欺骗行为，但由于银行管理者在为甲挂失旧卡补办新卡时，并没有认识到自己在处分银行财产与乙的财产，即不存在成立诈骗罪所需要的处分意思，因而只宜认为甲的"掉卡行为"构成盗窃罪。

[例8] 乙（16周岁）进城打工，用人单位要求乙提供银行卡号以便发放工资。乙忘带身份证，借用老乡甲的身份证以甲的名义办理了银行卡。乙将银行卡号提供给用人单位后，请甲保管银行卡。数月后，甲持该卡到银行柜台办理密码挂失，取出1万余元现金，拒不退还。甲占有乙的存款债权，以非法占有为目的，拒不返还的，构成侵占罪。

[例9][2]（先掉卡再取款）国家工作人员甲让行贿人乙以乙的名义办理银行卡，存入50万元，乙将银行卡及密码交给甲。甲用该卡时，忘记密码，不好意思再问乙。后乙得知甲被免职，将该卡挂失取回50万元。乙构成行贿罪既遂，甲构成受贿罪既遂。乙挂失银行卡取回50万元的"掉卡行为"构成盗窃罪，针对的是甲"可以随时取款或转账的财产性利益"。

[例10][3]（先掉卡再取款）甲将银行卡提供给乙使用，此后，乙利用该银行卡实施电信诈骗行为，导致被害人丙将100万元汇入该银行卡。甲从手机短信得知自己提供给乙的银行卡已汇入100万元，便重新以自己的身份证件挂失旧卡

---

〔1〕 张明楷：《供卡人掉卡、取款的行为性质》，载《法学评论》2024年第1期；但在此之前，该作者在《刑法学》（张明楷著，法律出版社2021年版，第1047页）中认为甲的行为构成针对乙存款债权的诈骗罪。

〔2〕 张明楷：《供卡人掉卡、取款的行为性质》，载《法学评论》2024年第1期；在此之前，该作者在《刑法的私塾之二》（下）（张明楷编著，北京大学出版社2017年版，第630页）中亦采用此观点，但也存在其他观点。

〔3〕 张明楷：《供卡人掉卡、取款的行为性质》，载《法学评论》2024年第1期；但2023年版《案例分析指导用书》（上册）（国家统一法律职业资格考试案例分析指导用书编辑委员会组编，法律出版社2023年版）对此案有不同的分析思路，也是一种观点。2023年法考刑法主观题也考查了此考点。

补办新储蓄卡，进而获得钱款。甲的"掐卡行为"不属于犯罪行为而是违法阻却事由，取款的行为才构成犯罪，犯罪对象为银行管理者占有的现金：如果甲在机器上取款，违反了银行管理者的意志，构成盗窃罪；如果甲隐瞒真相在银行柜台取款，使银行职员产生认识错误进而处分现金，构成诈骗罪。

✎ **卢卢提醒**

　　本考点的核心问题是行为人利用支付宝、微信等支付平台，获得被害人银行卡中财物时，应认定为信用卡诈骗罪，还是盗窃罪。

▶ **真题索引**

1.（2022/主观题节选）某日，王某趁郑某熟睡时打开郑某的手机支付宝，发现支付宝余额有 3000 元，而且支付宝绑定了一张银行卡。王某将郑某银行卡中的 2 万元转入郑某的支付宝余额，然后从支付宝余额中将 2 万元转入自己的支付宝，并删除了郑某手机上的相关短信和信息。

　　问题：上述事实的认定，主要存在两种观点：第一种观点认为，王某的行为构成盗窃罪；第二种观点认为，王某的行为构成信用卡诈骗罪。请说明两种观点的理由与不足（如果认为有）；你持什么观点（可以是两种观点之外的观点）？理由是什么？

　　[主观题标答]

　　（1）认为王某的行为构成盗窃罪的理由是：王某擅自将郑某银行卡中的财物转入郑某自己的支付宝余额，最终使用的是郑某的支付宝余额，给郑某造成损失的也是支付宝余额，而支付宝本身并不属于"信用卡"或者"信用卡信息资料"，因此，王某的行为不属于"冒用他人信用卡"的行为，应评价为以平和的手段改变郑某对自己财物的占有，构成盗窃罪。

　　（2）认为王某的行为构成信用卡诈骗罪的理由是：根据司法解释的规定，"窃取、收买、骗取或者以其他非法方式获取他人信用卡信息资料，并通过互联网、通讯终端等使用的"属于"冒用他人信用卡"的行为。本案中，王某虽然是将钱款转入郑某的支付宝余额再转出，但毕竟该钱款最终来自于郑某的银行卡，因此，王某的行为符合前述司法解释的规定，应该认定为信用卡诈骗罪。

　　（3）我赞同王某的行为构成盗窃罪的观点：一方面，支付宝本身不属于信用卡，具有独立的法律地位；另一方面，王某的行为全程并未对人使用"信用卡"或者"信用卡信息资料"，不存在受骗人基于受骗陷入错误认识进而处分财物的行为，因此，不可能构成信用卡诈骗罪，如前所述应以盗窃罪定罪处罚。

2. （2021/主观题节选）赵甲通过多次尝试，试出了李某的手机开机密码，并破解了支付宝密码，将绑定的银行卡中的3万元转入李某的支付宝余额，然后来到商场刷支付宝消费3万元。

问题：针对赵甲消费3万元的事实，存在不同的观点。有观点认为，赵甲构成信用卡诈骗罪，理由是什么？有观点认为，赵甲构成盗窃罪，理由是什么？

［主观题标答］

（1）根据司法解释的规定，"窃取、收买、骗取或者以其他非法方式获取他人信用卡信息资料，并通过互联网、通讯终端等使用的"，属于"冒用他人信用卡"的行为。本案中，赵甲的行为属于上述情形，故应认定为信用卡诈骗罪。

（2）与前述观点不同，赵甲破解支付宝密码将李某银行卡中的财物转入李某自己的支付宝余额，最终使用的是李某的支付宝，给李某造成损失的也是支付宝，而支付宝并不属于"信用卡"，因此，赵甲的行为不属于"冒用他人信用卡"的行为，应评价为以平和的手段改变李某对自己财物的占有，构成盗窃罪。

3. （2021/主观题节选）甲、乙系好友，某日两人一起去网吧上网，甲趁着乙上厕所之际，偷拿了乙的手机，随后谎称有事先离开。到家后，由于之前就知道乙的手机及微信密码，甲将乙微信绑定的银行卡中的3万元转入乙的微信钱包，然后通过微信将微信钱包中的金额转到自己的微信中。

问题：甲构成盗窃罪还是信用卡诈骗罪？理由是什么？

［主观题标答］

（1）**观点一**：甲的行为构成信用卡诈骗罪。根据司法解释的规定，"窃取、收买、骗取或者以其他非法方式获取他人信用卡信息资料，并通过互联网、通讯终端等使用的"，属于"冒用他人信用卡"的行为。本案中，甲的行为属于上述情形，故应认定为信用卡诈骗罪。

（2）**观点二**：与前述观点不同，甲利用微信将乙银行卡中的财物转入乙自己的微信钱包，最终使用的是乙的微信钱包，给乙造成损失的也是微信钱包，而微信钱包并不属于"信用卡"。因此，甲的行为不属于"冒用他人信用卡"的行为，应评价为以平和的手段改变乙对自己财物的占有，构成盗窃罪。

4. (2020/主观题延考节选) 一日，陈某见顾客赵某熟睡，便趁机拿走其手机，并破解了赵某的支付宝密码，并发现支付宝绑定有储蓄卡，于是利用支付宝将储蓄卡中的 3 万元转入自己的支付宝账户。陈某正准备离开时，保安武某发现此情况，欲控制陈某，陈某为抗拒抓捕，使用暴力将武某打成重伤。期间保安辛某、刘某闻讯赶来，陈某又将辛某打成轻伤。辛某、刘某最终将陈某控制，扭送派出所。

问题： 陈某的行为如何定性？

[**主观题标答**]

（1）针对陈某利用被害人赵某的支付宝将其储蓄卡中的 3 万元转入自己的支付宝账户的行为构成何罪，存在如下意见：

❶ 构成信用卡诈骗罪。根据司法解释的规定，"窃取、收买、骗取或者以其他非法方式获取他人信用卡信息资料，并通过互联网、通讯终端等使用的"，属于"冒用他人信用卡"，构成信用卡诈骗罪。

❷ 构成盗窃罪。首先，陈某整个获得财物的过程并不存在有自然人陷入错误认识进而处分财物的行为，因此，基于机器不能被骗的原理，陈某的行为不可能构成信用卡诈骗罪。其次，陈某只是通过被害人的支付宝进行转账，并未直接使用被害人的储蓄卡（信用卡）资料，因此，不符合前述司法解释的规定，不属于"冒用他人信用卡"，不构成信用卡诈骗罪。最后，陈某的行为属于以非法占有为目的，以平和的手段改变被害人赵某对财物的占有，理应构成盗窃罪。

（2）针对陈某使用暴力将保安武某打成重伤、将保安辛某打成轻伤的行为构成何罪，存在如下意见：

❶ 如果陈某针对赵某的行为构成信用卡诈骗罪，此时陈某属于"犯诈骗罪"，为抗拒抓捕而当场实施暴力，符合《刑法》第 269 条关于事后抢劫的规定，构成抢劫致人重伤；

❷ 如果陈某针对赵某的行为构成盗窃罪，此时陈某属于"犯盗窃罪"，为抗拒抓捕而当场实施暴力，符合《刑法》第 269 条关于事后抢劫的规定，亦构成抢劫致人重伤。

观点展示 18　教唆、帮助自杀[1]

考情提示

年　　份	题　　型	
	客观题	主观题
2012 年	单项选择题第 5 题 A	×
其他年份	×	

考点总结

《刑法》

第 232 条 [故意杀人罪]　故意杀人的，处死刑、无期徒刑或者 10 年以上有期徒刑；情节较轻的，处 3 年以上 10 年以下有期徒刑。

第 234 条 [故意伤害罪]　故意伤害他人身体的，处 3 年以下有期徒刑、拘役或者管制。

犯前款罪，致人重伤的，处 3 年以上 10 年以下有期徒刑；致人死亡或者以特别残忍手段致人重伤造成严重残疾的，处 10 年以上有期徒刑、无期徒刑或者死刑。本法另有规定的，依照规定。

1. 教唆自杀，是指行为人故意采取引诱、怂恿、欺骗等方法，使他人产生自杀意图。以相约自杀为名诱骗他人自杀的，也是一种教唆自杀的行为。帮助自杀，是指在他人已有自杀意图的情况下，帮助他人自杀。

2. 虽然形式上系教唆、帮助自杀的行为，但具有杀人的间接正犯性质时，应当认定为故意杀人罪。

---

〔1〕　参见张明楷：《刑法学》（第 6 版），法律出版社 2021 年版，第 1111~1113 页。

（1）欺骗、唆使不能理解死亡意义的儿童或者精神病患者等人使其自杀的，属于故意杀人罪的间接正犯。

（2）凭借某种权势或者利用某种特殊关系，以暴力、威胁或者其他心理强制方法，促使他人自杀身亡的，成立故意杀人的间接正犯。

（3）行为人教唆自杀的行为使被害人对法益的有无、程度等产生错误，其对死亡的同意无效时，也应认定行为人为故意杀人罪的间接正犯。例如，医生对可能治愈的患者说"你得了癌症，只能活两周了"，进而促使其自杀的，对医生应认定为故意杀人罪。

（4）此外，对自杀者负有救助义务的人故意不予救助的，可能成立不作为的故意杀人罪。

3. 对于不具有间接正犯性质的教唆、帮助自杀的行为，我国的司法实践有时作为情节较轻的故意杀人罪处理。中国人的自杀一般不是一种主体性行为。在此意义上说，司法实践的上述做法具有妥当性。但是，刑法实行罪刑法定原则，所以，刑法理论必须寻找处罚教唆、帮助自杀行为的刑法根据。

[解释路径] 由于刑法没有将故意杀人罪的行为对象限定为他人，所以，自杀行为符合故意杀人罪的构成要件，也具有违法性，只是由于自杀者缺乏责任（如无期待可能性），才不以故意杀人罪论处。教唆、帮助他人自杀，就是教唆、帮助他人实施符合构成要件的不法行为，根据限制从属性的原理，对教唆、帮助自杀者以故意杀人罪的共犯论处。

4. 从考试的角度，通说观点将故意杀人罪中的"人"解释为"他人"，那么，自杀行为就不符合故意杀人罪的构成要件，不具有违法性，进而，根据限制从属性的原理，对教唆、帮助自杀者以无罪论处。

✎ 卢卢提醒

本考点的核心问题是对教唆、帮助自杀的行为如何认定。

▶ 真题索引

1.（2012/2/4-单-B）乙女拒绝周某求爱，周某说"如不答应，我就跳河自杀"。乙女明知周某可能跳河，仍不同意。周某跳河后，乙女未呼救，周某溺亡。

问题：乙女的行为如何定性？

[主观题标答] 本案中，乙女并无教唆、帮助周某自杀的行为，因此，周某的死亡与乙女并无因果关系，乙女无罪。

2.（2012/2/5-单-A）他人欲跳楼自杀，围观者大喊"怎么还不跳"，他人跳楼而亡。

问题：围观者的行为如何定性？

[主观题标答]

（1）**观点一：**刑法理论的通说认为，自杀行为不具有违法性，根据共犯从属性的原理，教唆、帮助自杀的行为也不具有违法性，因此，围观者不构成故意杀人罪，无罪。

（2）**观点二：**中国人的自杀一般不是一种主体性行为，也就是说，中国人的自杀不是厌倦生活，更不是行使自由，而是因为不可遏制的愤怒，或者他知道他的死会陷对手于不义。因此，我国的司法实践有时将教唆、帮助自杀的行为作为情节较轻的故意杀人罪处理。解释路径为，由于刑法没有将故意杀人罪的行为对象限定为他人，所以，自杀行为符合故意杀人罪的构成要件，也具有违法性，只是由于自杀者缺乏责任（如无期待可能性），才不以故意杀人罪论处。教唆、帮助他人自杀，就是教唆、帮助他人实施符合构成要件的不法行为，根据限制从属性的原理，对教唆、帮助自杀者，以故意杀人罪的共犯论处。因此，围观者构成故意杀人罪的共犯。

观点展示 19　非法拘禁罪

年　份	题　　型	
	客观题	主观题
2022 年	选择题考查	部分情节
2021 年	×	部分情节
2017 年	×	部分情节
2012 年	单项选择题第 16 题 B	×
其他年份	常考	

考点总结

《刑法》第 238 条 [非法拘禁罪]　非法拘禁他人或者以其他方法非法剥夺他人人身自由的，处 3 年以下有期徒刑、拘役、管制或者剥夺政治权利。具有殴打、侮辱情节的，从重处罚。

[故意伤害罪；故意杀人罪]　犯前款罪，致人重伤的，处 3 年以上 10 年以下有期徒刑；致人死亡的，处 10 年以上有期徒刑。使用暴力致人伤残、死亡的，依照本法第 234 条、第 232 条的规定定罪处罚。

为索取债务非法扣押、拘禁他人的，依照前两款的规定处罚。

国家机关工作人员利用职权犯前三款罪的，依照前三款的规定从重处罚。

关于"使用暴力致人伤残、死亡"的理解：

1. "使用暴力"，是指使用非法拘禁行为以外的暴力，即并非非法拘禁行为所必需的暴力。

2. 关于"致人伤残、死亡"的主观心态，则有不同观点：

（1）观点一（通说）：《刑法》第 238 条第 2 款后段的规定属于法律拟制，而非注意规定，因此，要求行为人对"伤残、死亡"系过失心态，如果行为人对"伤残、死亡"具有故意心态，则应按照罪数的一般原理直接认定为故意伤害罪或者故意杀人罪，与非法拘禁罪想象竞合（一个行为）或者数罪并罚（两个行为）。

［例］甲唆使乙、丙非法拘禁丁，乙、丙在非法拘禁过程中自行使用暴力致丁死亡，对乙、丙应认定为故意杀人罪。如果丁的死亡结果与甲的教唆行为具有心理上的因果性，且甲对死亡结果具有预见可能性，对甲应以非法拘禁罪的结果加重犯处罚；否则，甲仅承担非法拘禁罪基本犯的刑事责任。如果甲唆使乙、丙对丁使用暴力，则对甲也应按故意杀人罪论处。

（2）观点二（少数观点）：《刑法》第 238 条第 2 款后段的规定属于注意规定，只有当行为人在非法拘禁的过程中使用暴力致人伤残、死亡且具有伤害、杀人故意时，才能分别认定为故意伤害罪、故意杀人罪。但其又在罪数问题上将《刑法》第 238 条第 2 款理解为法律拟制。针对此观点，命题人认为，对于在非法拘禁的过程中，产生伤害故意、杀人故意实施杀人行为的，原本可能认定为非法拘禁罪与故意伤害罪、故意杀人罪"数罪并罚"，但这种观点却主张只认定为故意伤害罪或故意杀人罪中的"一罪"，这便将典型的数罪拟制为一罪（或者将该规定理解为非法拘禁罪与故意伤害罪、故意杀人罪的类似结合犯）。然而，此规定旨在严厉禁止在非法拘禁中致人伤残或者死亡。但上述观点导致的结局却是，在非法拘禁过程中故意伤害致人伤残或者故意杀人的，反而仅成立故意伤害罪或故意杀人罪。显然，上述观点是缺乏实质理由的。

［补充提醒］对于"行为人为索取债务非法扣押、拘禁他人的，构成非法拘禁罪"的理解：[1]

（1）司法解释的规定：2000 年 7 月 13 日《最高人民法院关于对为索取法律不予保护的债务非法拘禁他人行为如何定罪问题的解释》指出，行为人为索取高利贷、赌债等法律不予保护的债务，非法扣押、拘禁他人的，依照非法拘禁罪的规定定罪处罚。

---

〔1〕 参见张明楷：《刑法学》（第 6 版），法律出版社 2021 年版，第 1163 页。

（2）理论观点

❶原则上应将上述规定中的"债务"理解为合法的债务、相对确定的债务。

❷为了索取正当债务，使用暴力、胁迫或者麻醉等方法将债务人作为人质，要求债务人偿还债务或者要求其亲属偿还债务，或者将与债务人有共同财产关系、扶养或者抚养关系的第三者作为人质，要求债务人偿还债务的，均应认定为非法拘禁罪。

❸不管债务正当与否，为了索取债务，使用暴力、胁迫或者麻醉方法将与债务人没有共同财产关系、扶养或者抚养关系的第三者作为人质的，均应认定为绑架罪。

❹行为人为了索取不正当债务，使用暴力、胁迫或者麻醉等方法将债务人作为人质，要求其偿还债务的，也可认定为非法拘禁罪。

❺行为人为了索取不正当债务，使用暴力、胁迫或者麻醉等方法将债务人作为人质，要求其亲属偿还债务，或者将与债务人有共同财产关系、扶养或者抚养关系的第三者作为人质，要求债务人偿还债务的，需要根据对被绑架人的人身安全与自由的侵害程度判断是成立非法拘禁罪还是绑架罪。这是因为上述规定使用的是"非法扣押、拘禁"概念，因此，超出非法扣押、拘禁程度的行为，即使存在法律不予保护的债务，依然可能成立绑架罪。例如，对于为了索取法律不予保护的债务，而非法扣押、拘禁他人，但不以杀害、伤害等相威胁，声称只要还债便放人的行为，宜认定为非法拘禁罪。但是，以实力支配、控制被害人后，以杀害、伤害被害人相威胁的，宜认定为绑架罪。

❻以实力支配、控制被害人后，以杀害、伤害被害人相威胁向被害人本人索取单方面主张的债务的，可认定为抢劫罪。如果向其家属等第三者实施索取单方面主张的债务的，认定为绑架罪。

❼故意制造骗局使他人欠债，然后以索债为由扣押被害人作为人质，要求被害人近亲属偿还债务的，成立诈骗罪与绑架罪的牵连犯，择一重罪论处。

❽行为人为索取债务而将他人作为人质，所索取的数额明显超出债务数额，或者为索取债务而将他人作为人质，同时提出其他不法要求的，属于绑架罪与非法拘禁罪的想象竞合，从一重罪处罚。

✍ 卢卢提醒

　　本考点的核心问题是非法拘禁罪中"使用暴力致人伤残、死亡的，依照本法第234条、第232条的规定定罪处罚"的含义。同时，绑架罪，拐卖妇女、儿童罪在特殊情况下（如行为人未满16周岁）可以评价为此处的"非法拘禁罪"。

⊿ 真题索引

1.（2022/主观题节选）次日，郑某发现银行卡里少了2万元，就问王某，王某矢口否认。郑某将王某反锁在一个房间内近50个小时，不让王某吃喝。待王某无力反抗后，郑某逼迫王某未果，遂将王某从二楼推下，致使王某重伤，郑某随后逃走。

问题：就上述事实的认定，一种观点认为，对郑某的行为只能认定为故意伤害（致人重伤）罪。请问这种观点的理由与不足是什么？

[主观题标答]

（1）对郑某的行为只能认定为故意伤害（致人重伤）罪的理由是：根据《刑法》规定，为索取债务非法扣押、拘禁他人的，构成非法拘禁罪。同时，亦规定，在非法拘禁过程中，使用暴力致人伤残、死亡的，依照故意伤害罪、故意杀人罪的规定定罪处罚。其中，"使用暴力致人伤残、死亡"是指非法拘禁行为之外的暴力故意致人伤残、死亡（认为此规定属于注意规定）。同时，在罪数问题上依此规定，可以将非法拘禁行为与故意伤害行为法律拟制为故意伤害（致人重伤）罪一罪。因此，本案中，即使郑某是故意使用非法拘禁之外的暴力致人重伤，也适用此规定，仅成立故意伤害（致人重伤）罪一罪。

（2）郑某的行为只认定为故意伤害（致人重伤）罪的不足之处：对《刑法》规定，在非法拘禁过程中，使用暴力致人伤残的，依照故意伤害罪的规定定罪处罚。如果将此规定理解为注意规定，一方面，在立法上并不存在设置注意规定的必要性，此规定旨在显示严厉禁止在非法拘禁中致人伤残。另一方面，此观点导致的结局是，在非法拘禁过程中故意伤害致人伤残的，本应数罪并罚，却仅成立故意伤害罪一罪，是在缺乏实质理由的情况下将典型的数罪拟制为一罪。正确的观点是，应当认为在非法拘禁过程中，"使用暴力致人伤残的，依照故意伤害罪的规定定罪处罚"的规定属于法律拟制，其中，"使用暴力致人伤残"是指非法拘禁行为之外的暴力过失致人伤残，而不包括故意。因此，本案中，郑某为了索取债务非法拘禁王某，随后故意使用非法拘禁之外的暴力重伤王某，对其应以非法拘禁罪和故意伤害（致人重伤）

罪数罪并罚，这样既评价了非法拘禁行为，也评价了郑某的故意伤害行为。

2.（2021/主观题节选）赵某因刘某欠自己钱而苦无良策，杨某提议拘禁刘某要其还钱。两人遂将刘某拘禁起来，但刘某叫嚣："你们把我拘禁起来我怎么还钱？"2日后，刘某又吼道："就算你们把我放出去我也不会还的！"此时，杨某提议把刘某的大拇指砍掉教训他一下。赵某表示同意，遂与杨某一起砍掉了刘某的大拇指（重伤）。

问题：有观点认为赵某、杨某仅成立故意伤害（致人重伤）罪，你赞同还是反对？理由是什么？

［主观题标答］

（1）**答案一：反对。**根据《刑法》第238条第3款的规定，为索取债务非法扣押、拘禁他人的，构成非法拘禁罪。同时，《刑法》第238条第2款亦规定，在非法拘禁过程中，使用暴力致人伤残、死亡的，依照故意伤害罪、故意杀人罪的规定定罪处罚。其中，"使用暴力致人伤残、死亡"是指非法拘禁行为之外的暴力<u>过失</u>致人伤残、死亡。因此，故意使用非法拘禁之外的暴力致人重伤的，不适用本规定。本案中，赵某、杨某为了索取债务非法拘禁刘某，随后故意使用暴力重伤刘某即砍掉刘某的大拇指，对两人应以非法拘禁罪和故意伤害（致人重伤）罪论，数罪并罚。

（2）**答案二：赞同。**根据《刑法》第238条第3款的规定，为索取债务非法扣押、拘禁他人的，构成非法拘禁罪。同时，《刑法》第238条第2款亦规定，在非法拘禁过程中，使用暴力致人伤残、死亡的，依照故意伤害罪、故意杀人罪的规定定罪处罚。其中，"使用暴力致人伤残、死亡"是指非法拘禁行为之外的暴力<u>故意</u>致人伤残、死亡。因此，即使是故意使用非法拘禁之外的暴力致人重伤的，也适用本规定。本案中，赵某、杨某为了索取债务非法拘禁刘某，随后故意使用暴力重伤刘某即砍掉刘某的大拇指，对两人应以故意伤害（致人重伤）罪论处。

3.（2017/主观题节选）丙非法拘禁了小孩，小孩哭闹不止要离开，丙恐被人发觉，用手捂住小孩口、鼻，然后用胶带捆绑其双手并将嘴缠住，致其机械性窒息死亡。

问题：上述事实中，行为人的行为如何定性？

［主观题标答］

（1）行为人为了非法拘禁小孩，使用"用手捂住小孩口、鼻"的方式，显然该手段已经不是单纯非法拘禁所必需，应认为行为人使用了非法拘禁行为之外的暴力行为。

（2）根据行为人对小孩死亡的心理态度的不同，对其行为可以分别评价为：

❶如果证明行为人对小孩的死亡具有故意，那么，此时根据通说，应将行为人的行为评价为非法拘禁罪与故意杀人罪，数罪并罚（或者少数观点认为应适用在非法拘禁过程中"使用暴力致人伤残、死亡的，依照故意伤害罪、故意杀人罪的规定定罪处罚"的规定，最终认定为故意杀人罪一罪）。

❷如果证明行为人对小孩的死亡仅具有过失，那么，此时根据通说，应适用在非法拘禁过程中"使用暴力致人伤残、死亡的，依照故意伤害罪、故意杀人罪的规定定罪处罚"的规定，最终认定为故意杀人罪一罪。

4. （2012/2/16-单-B）非法拘禁被害人，大力反扭被害人胳膊，致其胳膊折断。

问题：**上述行为人的行为如何定性？**

[主观题标答] 行为人为了非法拘禁被害人，使用"大力反扭被害人胳膊"的方式，显然该手段已经不是单纯非法拘禁所必需，应认为使用了非法拘禁行为之外的暴力行为，但最终对行为人应以故意伤害（致人重伤）罪论处。解释的路径为：

（1）如果行为人对被害人的"胳膊折断"这一伤害结果持故意的心理态度，此情形既不属于非法拘禁中"使用暴力致人伤残、死亡的，依照故意伤害罪、故意杀人罪的规定定罪处罚"的法律拟制规定情形，也不属于非法拘禁罪的结果加重犯，最终构成非法拘禁罪的基本犯与故意伤害（致人重伤）罪，想象竞合，以故意伤害（致人重伤）罪定罪处罚。

（2）如果行为人对被害人的"胳膊折断"这一伤害结果持过失的心理态度，此情形属于非法拘禁中"使用暴力致人伤残、死亡的，依照故意伤害罪、故意杀人罪的规定定罪处罚"的法律拟制规定情形，以故意伤害（致人重伤）罪定罪处罚。

观点展示 20　绑架罪中的加重情节

· · · · · ·

■ 考情提示

年　份	题　型	
	客观题	主观题
2020 年	选择题考查	×
2009 年	单项选择题第 8 题	×
其他年份	×	

■ 考点总结

《刑法》第 239 条［绑架罪］　以勒索财物为目的绑架他人的，或者绑架他人作为人质的，处 10 年以上有期徒刑或者无期徒刑，并处罚金或者没收财产；情节较轻的，处 5 年以上 10 年以下有期徒刑，并处罚金。

犯前款罪，杀害被绑架人的，或者故意伤害被绑架人，致人重伤、死亡的，处无期徒刑或者死刑，并处没收财产。

以勒索财物为目的偷盗婴幼儿的，依照前两款的规定处罚。

1. 绑架他人后，出于某种动机，故意对被绑架人实施杀害行为，但未能造成死亡结果的（绑架杀害未遂），应当如何处理？在此问题上，可能存在不同的解决方案：

（1）观点一（多数说）：绑架杀人未遂的，认定为普通绑架罪与故意杀人罪（未遂），实行数罪并罚；

（2）观点二（少数说）：绑架杀人未遂的，依然适用《刑法》第 239 条第 2 款"杀害被绑架人……处无期徒刑或者死刑"的规定，同时适用《刑法》关于未遂犯从轻、减轻处罚的规定。

2. 绑架犯以杀人故意对被绑架人实施杀人行为但仅造成重伤的，对这种情况应当评价为"故意伤害被绑架人，致人重伤"，不再实行数罪并罚，应直接适用"故意伤害被绑架人，致人重伤……处无期徒刑或者死刑"的规定，不存在不同观点。

3. "故意伤害被绑架人，致人重伤、死亡"的规定，也存在与"杀害被绑架人"类似的不同观点问题。比如，绑架他人后，出于某种动机，故意对被绑架人实施重伤害行为，但未能造成重伤结果的，应当如何处理？在此问题上，可能存在不同观点：

（1）观点一（多数说）：绑架重伤害未遂的，认定为普通绑架罪与故意伤害罪未遂，实行数罪并罚；

（2）观点二（少数说）：绑架重伤害未遂的，依然适用《刑法》第239条第2款"故意伤害被绑架人，致人重伤……处无期徒刑或者死刑"的规定，同时适用《刑法》关于未遂犯从轻、减轻处罚的规定。

✎ **卢卢提醒**

本考点的核心问题是绑架罪中"杀害被绑架人"和"故意伤害被绑架人，致人重伤、死亡"的含义。

[补充提醒] 根据单一行为说（通说），绑架罪的实行行为仅限于"绑架行为"，至于勒索财物行为或者提出其他不法要求的行为，并非绑架罪的实行行为。因此，绑架被害人之后又敲诈勒索被害人家属的，应评价为绑架罪与敲诈勒索罪的牵连犯，择一重罪，以绑架罪论处。而根据复合行为说，绑架罪的实行行为包括"绑架行为"与勒索财物行为或者提出其他不法要求的行为。因此，绑架被害人之后又敲诈勒索被害人家属的，应评价为绑架行为的延续，只需以绑架罪论处即可。

▶ **写作训练**

甲以勒索财物为目的绑架了乙的儿子小A。由于小A一直哭闹不止，甲遂将小A活埋于农田的渣土中，并用石头压着小A的身体。小A被埋一夜后，于次日清晨被过路人救出。但甲并不知道小A被解救，仍然向乙通告勒索财物。乙见儿子小A平安回家，便整日悉心照料，对甲的行为完全不予理会。

问题 1： 如果小 A 被甲掩埋致其重伤，甲的行为如何定性？

[主观题标答] 甲基于勒索乙财物的目的，以乙的儿子小 A 为人质相要挟，构成绑架罪。甲欲杀害小 A，但是小 A 并未死亡而是受重伤。由于故意杀人行为与故意伤害行为属于包容关系，无论采取何种观点，甲均构成绑架罪，同时适用"故意伤害被绑架人，致人重伤"的加重情节。

问题 2： 如果小 A 被甲掩埋致其轻伤，甲的行为如何定性？

[主观题标答]

（1）**观点一（多数说）：** 甲基于勒索乙财物的目的，以乙的儿子小 A 为人质相要挟，构成绑架罪。甲欲杀害小 A，但是小 A 并未死亡而是受轻伤。因此，甲的行为应认定为普通绑架罪与故意杀人罪（未遂），实行数罪并罚。

（2）**观点二（少数说）：** 甲基于勒索乙财物的目的，以乙的儿子小 A 为人质相要挟，构成绑架罪。甲欲杀害小 A，但是小 A 并未死亡而是受轻伤。因此，甲的行为应认定为绑架罪一罪，在适用《刑法》第 239 条第 2 款规定的"犯前款罪（绑架罪），杀害被绑架人的……处无期徒刑或者死刑"的法定刑基础上，同时适用《刑法》关于未遂犯从轻、减轻处罚的规定。

观点展示 21　拐卖妇女、儿童罪中的特殊情形[1]

年　　份	题　　　　型	
	客观题	主观题
×		×

📊 考点总结

《刑法》第 240 条［拐卖妇女、儿童罪］　拐卖妇女、儿童的，处 5 年以上 10 年以下有期徒刑，并处罚金；有下列情形之一的，处 10 年以上有期徒刑或者无期徒刑，并处罚金或者没收财产；情节特别严重的，处死刑，并处没收财产：

（一）拐卖妇女、儿童集团的首要分子；

（二）拐卖妇女、儿童 3 人以上的；

（三）奸淫被拐卖的妇女的；

（四）诱骗、强迫被拐卖的妇女卖淫或者将被拐卖的妇女卖给他人迫使其卖淫的；

（五）以出卖为目的，使用暴力、胁迫或者麻醉方法绑架妇女、儿童的；

（六）以出卖为目的，偷盗婴幼儿的；

（七）造成被拐卖的妇女、儿童或者其亲属重伤、死亡或者其他严重后果的；

（八）将妇女、儿童卖往境外的。

拐卖妇女、儿童是指以出卖为目的，有拐骗、绑架、收买、贩卖、接送、中转妇女、儿童的行为之一的。

1. 妇女的同意能否阻却拐卖妇女罪的成立？

（1）观点一：拐卖妇女、儿童罪的法益是被拐卖者在本来生活状态下的身

---

〔1〕参见张明楷：《刑法学》（第 6 版），法律出版社 2021 年版，第 1168、1170 页。

体安全与行动自由。因此，"拐卖"行为得到了成年妇女的承诺，就能阻却违法，不构成拐卖妇女罪；

（2）观点二：拐卖妇女罪的法益是妇女的尊严，即使成年妇女同意，其对侵害尊严的承诺也是无效的，不能阻却违法，行为人构成拐卖妇女罪。

但没有争议的是，即使得到了不满 18 周岁的妇女、儿童的同意，也不能阻却拐卖妇女、儿童罪的成立。

2. 奸淫被拐卖的妇女，是指犯罪分子在拐卖过程中，与被害妇女（包括幼女）性交的行为。

（1）观点一：一般认为，不论犯罪分子是否使用了暴力或者胁迫手段，也不论被害人是否有反抗行为或者表示，上述行为均属于"奸淫被拐卖的妇女"；

（2）观点二：妇女（不包括幼女）基于真实意志同意性交行为，或者行为人与妇女实施的性交行为不具有任何强制性的，不属于"奸淫被拐卖的妇女"，否则便形成了间接处罚。

3. 在拐卖过程中轮奸妇女的，要区分两种情形：

（1）如果能评价为拐卖妇女情节特别严重，则以拐卖妇女罪处罚；

（2）如果不能评价为拐卖妇女情节特别严重，则应以强奸罪（轮奸）与拐卖妇女罪（基本犯）实行并罚。

✍ 卢卢提醒

　　本考点的核心问题是在拐卖妇女的过程中"奸淫被拐卖的妇女"以及"轮奸妇女"的含义及其处理。

◤ 写作训练

　　甲以出卖为目的绑架了妇女乙，在甲寻找买家的 1 个月内，经过相处，乙与甲相爱并多次发生性关系。后案发甲被抓获。

问题：请分析甲的行为定性。

［主观题标答］

（1）如果认为拐卖妇女罪中的"奸淫被拐卖的妇女"不要求行为人采用强制手段，那么，甲构成拐卖妇女罪既遂，同时适用"奸淫被拐卖的妇女"的法定刑；

（2）如果认为拐卖妇女罪中的"奸淫被拐卖的妇女"要求行为人采用强制手段，那么，甲构成拐卖妇女罪既遂，但不适用"奸淫被拐卖的妇女"的法定刑。

观点展示 22　赃物的善意取得

年　份	题　　　　型	
	客观题	主观题
2016 年	单项选择题第 17 题 C	×
2015 年	单项选择题第 18 题	×
2014 年	多项选择题第 60 题 D	×
2013 年	单项选择题第 17 题	×
其他年份	×	

考点总结

1. 在刑法中，赃物能否适用善意取得，存在不同观点：

（1）观点一：无权处分完全有效说认为，赃物适用善意取得。虽然被骗人受骗购买了赃物，但是善意第三人基于善意取得制度获得财物的物权，该财物的物权人无权向该善意第三人追回，最终该善意第三人不会遭受财产损失。

（2）观点二：无权处分无效说认为，赃物不适用善意取得。由于被骗人受骗购买了赃物，善意第三人无法基于善意取得制度获得财物的物权，该财物的物权人有权向该善意第三人追回，最终该善意第三人会遭受财产损失。

2. 根据 2011 年 3 月 1 日《最高人民法院、最高人民检察院关于办理诈骗刑事案件具体应用法律若干问题的解释》第 10 条第 2 款的规定，行为人已将诈骗财物用于清偿债务或者转让给他人，他人善意取得诈骗财物的，不予追缴。

卢卢提醒

　　本考点的核心问题是**明知是赃物而向他人隐瞒真相、虚构事实，使他人购买赃物的行为如何定性**。

◣ 真题索引

1. （2015/2/18-单）乙全家外出数月，邻居甲主动帮乙照看房屋。某日，甲谎称乙家门口的一对石狮为自家所有，将石狮卖给外地人，得款 1 万元据为己有。

问题：甲的行为如何定性？

［主观题标答］

（1）乙全家外出，但该石狮仍归乙占有，甲利用不知情的外地人实施盗窃行为，构成盗窃罪的间接正犯。

（2）甲向外地人谎称该石狮为自家所有，使外地人陷入错误认识进而购买，如果认为赃物适用善意取得，那么，即使外地人受骗，其也不会遭受财产损失，甲仅构成盗窃罪一罪，系间接正犯；如果认为赃物不适用善意取得，那么，由于外地人受骗，其最终会遭受财产损失，甲同时构成盗窃罪（针对乙，系间接正犯）与诈骗罪（针对外地人，系直接正犯），想象竞合。

2. （2016/2/17-单-C）丙将钱某门前停放的摩托车谎称是自己的，卖给孙某，让其骑走。

问题：丙的行为如何定性？

［主观题标答］丙虽然欺骗了孙某，但对钱某没有实施欺骗的行为，钱某也没有处分自己的财产即摩托车的行为，丙对钱某的摩托车构成盗窃罪而非诈骗罪。同时，针对孙某，丙的行为是否成立诈骗罪，则存在不同观点（略）。

3. （2014/2/60-多-D）乙全家外出打工，委托邻居甲照看房屋。有人来村里购树，甲将乙家山头上的树谎称为自家的树，卖给购树人，得款 3 万元。

问题：甲的行为如何定性？

［主观题标答］乙虽委托甲帮忙照看房屋，但并未委托甲管理自家的树林。甲以平和的手段，利用不知情的购树人盗窃了乙的财物，构成盗窃罪的间接正犯。同时，针对购树人，甲的行为是否成立诈骗罪，则存在不同观点（略）。

4. （2013/2/17-单）乙驾车带甲去海边游玩。到达后，乙欲游泳。甲骗乙说："我在车里休息，把车钥匙给我。"趁乙游泳，甲将该车开往外地卖给他人。

问题：**甲的行为如何定性？**

[主观题标答]诈骗罪要求被骗人基于错误认识作出处分行为。本案中，甲虽然采取欺骗方式取得车钥匙，但乙并未因为错误认识而实施处分该汽车的行为，因此，针对该汽车，甲的行为不构成诈骗罪，而构成盗窃罪。同时，针对外地购车人，甲的行为是否成立诈骗罪，则可能存在不同观点：

（1）如果认为赃物适用善意取得，那么，即使外地人受骗，其也不会遭受财产损失，甲构成盗窃罪一罪，系直接正犯；

（2）如果认为赃物不适用善意取得，由于外地人受骗，其最终会遭受财产损失，那么，甲同时构成盗窃罪（针对乙，系直接正犯）与诈骗罪（针对外地人，系直接正犯），数罪并罚。

观点展示 23　死者对财物的占有问题

▣ 考情提示

年　份	题　型	
	客观题	主观题
2015 年	×	部分情节
2011 年	×	部分情节
2008 年	多项选择题第 58 题	×
其他年份	×	

▣ 考点总结

1. 死者的占有主要有三种情况：

（1）行为人以抢劫故意杀害他人后，当场取得他人财物，此情况应认定为抢劫罪；

（2）行为人出于其他目的杀害他人后，产生非法占有他人财物的意思，取得死者的财物；

（3）无关的第三者从死者身上取得财物。

2. 争议较大的是前述后两种情况：

（1）观点一：死者占有肯定说认为，后两种情况成立盗窃罪；

（2）观点二：死者占有否定说（通说）认为，后两种情况成立侵占罪；

（3）观点三：此外还有折中看法，主张根据死亡时间长短决定死者是否继续占有。

3. 司法解释规定，实施故意杀人犯罪行为之后，临时起意拿走他人财物的，应以故意杀人罪与盗窃罪实行数罪并罚。此结论属于上述"折中看法"。

✍ **卢卢提醒**

本考点的核心问题是拿走死者身边的财物，如何定性。

▣ 真题索引

1. （2011/主观题节选）陈某将李某尸体拖入树林（注：陈某刚将李某杀死），准备逃跑时忽然想到李某身上有财物，遂拿走李某手机、现金等物，价值1万余元。

问题：对上述事实，可能存在哪几种处理意见（包括结论与基本理由）？

［主观题标答］主要存在两种处理意见：

（1）如认为死者仍然占有其财物，陈某成立盗窃罪，同时司法解释亦同样作出此规定；

（2）如认为死者不可占有其财物，陈某成立侵占罪。

2. （2008/2/58-多）某日，甲醉酒驾车将行人乙撞死，急忙将尸体运到X地掩埋。10天后，甲得知某单位要在X地施工，因担心乙的尸体被人发现，便将乙的尸体从X地转移至Y地。在转移尸体时，甲无意中发现了乙的身份证和信用卡。此后，甲持乙的身份证和信用卡，从银行柜台将乙的信用卡中的5万元转入自己的信用卡，并以乙的身份证办理入网手续并使用移动电话，造成电信资费损失8000余元。

问题：甲的行为如何定性？

［主观题标答］

（1）本案中，"甲醉酒驾车将行人乙撞死，急忙将尸体运到X地掩埋"的行为构成危险驾驶罪与交通肇事罪的想象竞合，以交通肇事罪论处。

（2）通说认为，乙死亡后，其对于自己的财物不可占有。因此，本案中，"甲持乙的身份证和信用卡，从银行柜台将乙的信用卡中的5万元转入自己的信用卡"的行为系拾得他人信用卡并使用的行为，属于"冒用他人信用卡"，构成信用卡诈骗罪。

（3）本案中，甲"以乙的身份证办理入网手续并使用移动电话，造成电信资费损失8000余元"的行为构成诈骗罪，被害人是电信公司。

观点展示 24　封缄物的问题

◢ 考情提示

年　　份	题　　　　型	
	客观题	主观题
2017 年	不定项选择题第 86 题	×
特别提示	此考点在案例指导用书中特别强调	

◢ 考点总结

1. 封缄物，是指权利人有意识地将财物放在特定的场所，不经常取走或者不能随意取走的财物。

2. 在封缄物中，我们需要讨论的是"行为人受他人委托占有某种封缄的包装物时，是否同时占有封缄物的内容（财物）"。对此，主要有如下三种观点：

（1）观点一：通说（区分占有说）认为，封缄物整体由受托人占有，但内容物为委托人占有；

（2）观点二：有观点认为，封缄物整体与其中的内容物没有区别，均由委托人占有；

（3）观点三：有观点认为，封缄物整体与其中的内容物没有区别，均由受托人占有。

✎ 卢卢提醒

本考点的核心问题是行为人受委托占有封缄物，擅自将封缄物中的内容物占为己有如何定性。

◢ 真题索引及写作训练

1.（2017/客观题-任）某小区五楼刘某家的抽油烟机发生故障，王某与李某上门检测后，决定拆下搬回维修站修理。刘某同意。王某与李某搬运抽油烟机至四楼时，王某发现其中藏有一包金饰，遂暗自将之塞入衣兜。

问题：王某的行为如何定性？

［主观题标答］本案中，刘某将自己的一包金饰放入抽油烟机中，可以认为此时抽油烟机和内部的金饰属于"封缄物"，由于王某与李某搬运抽油烟机仅至四楼，无论采取何种观点，其内部的金饰均归刘某占有，王某发现其中藏有一包金饰，遂暗自将之塞入衣兜的行为符合盗窃罪的构成要件。

2.（案例指导用书片段）甲在从事保安押运的公司上班，某日，珠宝商赵某将价值100万元的珠宝封置于价值2万元的移动保险箱中，委托甲所在公司将之运往1500公里外的某市，但未将保险箱的钥匙交给公司。公司经理王某遂派甲和另一名公司员工乙携保险箱乘高铁前往某市。在前往某市途中，甲起意将珠宝据为己有，遂趁乙不注意，微信告知自己在某市的朋友丙，让丙在某市高铁站外等候，待自己提着保险箱出现时，就将保险箱"劫走"，事后两人可以平分珠宝。丙同意。在某市高铁站下车后，甲故意让乙走在前面，自己则持保险箱走在乙身后，与乙保持2米左右的距离。两人刚出高铁站，丙就按照计划从人群中冲出，从甲手中夺过保险箱逃跑。乙见状，立刻动身追赶，但跑出几步后，发现甲反应平静，立刻参透了甲的阴谋。此时丙刚跑出十余米，乙不难追上，但是，为了让自己也从中获益，乙放弃追赶，任由丙携带保险箱离去。后甲与乙返回公司向王某汇报称保险箱被劫走，丙则将保险箱砸毁后，将其中珠宝以80万元的价格变卖，自己与甲各分得40万元。

关于甲、乙、丙的行为定性，有如下处理意见：

（1）如果认为保险箱整体为甲、乙占有，珠宝为赵某占有，那么，当丙将保险箱从高铁站夺走之后，甲、丙即构成职务侵占罪既遂的共同犯罪，甲系实行犯，丙系帮助犯，犯罪金额为102万元（保险箱2万元，珠宝100万元）；乙构成职务侵占罪的片面的实行犯或者片面的帮助犯。但是当丙将保险箱砸毁之后，甲、丙针对珠宝构成盗窃罪的共同犯罪，均系实行犯，犯罪金额为100万元，乙构成盗窃罪的片面的实行犯或者片面的帮助犯。而针对保险箱三人构成故意毁坏财物罪的共同犯罪，甲、丙系正犯，犯罪金额为2万元；乙构成故意毁坏财物罪的片面的正犯或者片面的帮助犯。基于法益的同一性，甲、乙、丙均构成职务侵占罪、盗窃罪、故意毁坏财物罪，择一重罪处罚，定盗窃罪。

（2）如果认为保险箱以及珠宝均为赵某占有，那么，甲、丙构成盗窃罪的共同犯罪，均系实行犯，犯罪金额为 102 万元（保险箱 2 万元，珠宝 100 万元）；乙构成盗窃罪的片面的实行犯或者片面的帮助犯。

（3）如果认为保险箱以及珠宝均为甲、乙占有，那么，甲、丙构成职务侵占罪的共同犯罪，甲系实行犯，丙系帮助犯，犯罪金额为 102 万元（保险箱 2 万元，珠宝 100 万元）；乙构成职务侵占罪的片面的实行犯或者片面的帮助犯。

观点展示 25　盗窃罪的行为方式

考情提示

年　份	题　型	
	客观题	主观题
2016 年	单项选择题第 18 题	×
2015 年	单项选择题第 19 题	×
2014 年	单项选择题第 19 题	×
2013 年	多项选择题第 60 题	×
2006 年	×	部分情节
2003 年	多项选择题第 32 题	×
其他年份	×	

考点总结

1. 盗窃罪的行为是盗窃（窃取）他人占有的财物。"盗窃"是指违反被害人的意志，以平和的手段将他人占有的财物转移给自己或第三者（包括单位）占有的行为。

（1）观点一：传统刑法认为，盗窃必须是秘密窃取公私财物，同时指出，"秘密窃取"是相对于被害人来说的。基于此，公开取得财物的行为只能认定为抢夺罪。

（2）观点二：目前法考通说认为，盗窃行为不限于秘密窃取，只需以平和的手段转移占有，即排除他人对财物的支配，建立新的支配关系即可。

2. 总之，应当认为"盗窃不限于秘密窃取，抢夺不限于乘人不备"。抢夺罪与盗窃罪区分的关键是获得财物的行为是否具有致人伤亡的危险，而非是否公开。判断获得财物的行为具有致人伤亡的危险标准是：

（1）财物被被害人紧密占有而非普通的占有，即财物与人的身体有连接点；

（2）获得财物的方式必须是非平和的手段。

只有同时具备前述两个条件的，方可认定获得财物的行为具有致人伤亡的危险，可构成抢夺罪；否则以盗窃罪论处。

✒ 卢卢提醒

　　本考点的核心问题是盗窃罪的行为方式一定是秘密窃取吗？如果不是，与抢夺罪的区别如何。

▶ 真题索引

1.（2016/2/18-单）乙女在路上被铁丝绊倒，受伤不能动，手中钱包（内有现金5000元）摔出七八米外。路过的甲捡起钱包时，乙大喊"我的钱包不要拿"，甲说"你不要喊，我拿给你"，乙信以为真没有再喊。甲捡起钱包后立即逃走。

问题：甲的行为如何定性？

[主观题标答]

（1）如果认为盗窃行为仅限于秘密窃取的方式，本案中，甲在乙知情的情况下，公然拿走其占有的财物，只能认定为抢夺罪；

（2）如果认为盗窃行为不限于秘密窃取的方式，本案中，虽然甲是在乙知情的情况下，公然拿走其占有的财物，但甲的行为不具有致乙伤亡的危险，因此，只能认定为盗窃罪。

2.（2015/2/19-单）菜贩刘某将蔬菜装入袋中，放在居民小区路旁长条桌上，写明"每袋20元，请将钱放在铁盒内"。然后，刘某去3公里外的市场卖菜。小区理发店的店员经常好奇地出来看看是否有人偷菜。甲数次公开拿走蔬菜时假装往铁盒里放钱。

问题：甲的行为如何定性？

[主观题标答] 无论是否认为盗窃行为仅限于秘密窃取的方式，本案中，甲多次在被害人刘某不知情的情况下，实施窃取行为，虽然第三人理发店店员可能明知，但不影响甲属于秘密窃取，构成盗窃罪。

3. （2014/2/19-单）乙购物后，将购物小票随手扔在超市门口。甲捡到小票，立即拦住乙说："你怎么把我购买的东西拿走？"乙莫名其妙，甲便向乙出示小票，两人发生争执。适逢交警丙路过，乙请丙判断是非，丙让乙将商品还给甲，有口难辩的乙只好照办。

问题：甲的行为如何定性？

［主观题标答］

（1）如果认为交警丙具有处分被害人乙财物的权限或者地位，此时甲的行为构成诈骗罪，系三角诈骗。

（2）如果认为交警丙不具有处分被害人乙财物的权限或者地位，此时甲的行为：

❶若认为盗窃行为仅限于秘密窃取的方式，本案中，甲在乙知情的情况下，公然拿走其占有的财物，只能认定为抢夺罪；

❷若认为盗窃行为不限于秘密窃取的方式，本案中，虽然甲是在乙知情的情况下，公然让乙主动将其占有的财物交给自己，但其行为不具有致乙伤亡的危险，因此，只能认定为盗窃罪，系间接正犯。

4. （2013/2/60-多）甲潜入他人房间欲盗窃，忽见床上坐起一老妪，哀求其不要拿她的东西。甲不理睬而继续翻找，拿走一条银项链（价值400元）。

问题：甲的行为如何定性？

［主观题标答］

（1）如果认为盗窃行为仅限于秘密窃取的方式，本案中，甲在被害人老妪知情的情况下，公然拿走其占有的财物，只能认定为抢夺罪；

（2）如果认为盗窃行为不限于秘密窃取的方式，本案中，虽然甲是在被害人老妪知情的情况下，公然拿走其占有的财物，但其行为不具有致其伤亡的危险，因此，只能认定为（入户）盗窃罪。

5. （2003/2/32-多）某晚，甲潜入乙家中行窃，被发现后携所窃赃物（价值900余元）逃跑，乙紧追不舍。甲见杂货店旁有一辆未熄火摩托车，车主丙正站在车旁吸烟，便骑上摩托车继续逃跑。次日，丙在街上发现自己的摩托车和甲，欲将甲扭送公安局，甲一拳将丙打伤，后经法医鉴定为轻伤。

问题：甲的行为如何定性？

［主观题标答］针对甲骑走丙的摩托车这一情节，在将"车主丙正站在车旁吸烟"理解为其与摩托车没有紧密占有的情况下：

（1）如果认为盗窃行为仅限于秘密窃取的方式，本案中，甲在丙知情的情况下，公然获得其占有的财物，只能认定为抢夺罪；

（2）如果认为盗窃行为不限于秘密窃取的方式，本案中，虽然甲是在丙知情的情况下，公然获得其占有的财物，但其行为不具有致丙伤亡的危险，因此，只能认定为盗窃罪。

6.（2006/4/4 部分情节）甲在 2003 年 10 月 15 日见路边一辆面包车没有上锁，即将车开走，前往 A 市。行驶途中，行人乙拦车要求搭乘，甲同意。甲见乙提包内有巨额现金，遂起意图财。行驶到某偏僻处时，甲谎称发生故障，请乙下车帮助推车。乙将手提包放在面包车座位上，然后下车。甲乘机发动面包车欲逃。乙察觉出甲的意图后，紧抓住车门不放，被面包车拖行 10 余米。甲见乙仍不松手并跟着车跑，便加速疾驶，使乙摔倒在地，造成重伤。乙报警后，公安机关根据汽车号牌将甲查获。

问题：“甲乘机发动面包车欲逃”的行为如何定性？（涉及旧题新做）

［主观题标答］ 在将“乙将手提包放在面包车座位上，然后下车”理解为其与手提包没有紧密占有的情况下：

（1）如果认为盗窃行为仅限于秘密窃取的方式，本案中，甲在乙知情的情况下，公然获得其占有的财物，只能认定为抢夺罪；

（2）如果认为盗窃行为不限于秘密窃取的方式，本案中，虽然甲是在乙知情的情况下，公然获得其占有的财物，但甲的行为不具有致乙伤亡的危险，因此，只能认定为盗窃罪。

观点展示 26 　盗窃债权凭证的定性[1]

考情提示

年　份	题　　型	
	客观题	主观题
2006 年	多项选择题第 59 题 A 选项	×
2005 年	单项选择题第 11 题	×
其他年份	×	

考点总结

1. 债权凭证本身（如存折本身、信用卡本身、存单本身等）是有体物，也具有财产价值。

（1）有的债权凭证的丧失，并不意味着该凭证所记载的财产丧失，但也是值得刑法保护的。

[例 1] 入户盗窃被害人一张存单的，应认定为盗窃罪（盗窃的对象是存单本身这一有体物，而不是存单所记载的存款）。

（2）有的债权凭证一经丧失，就丧失了该凭证所记载的财产。这种债权凭证当然属于刑法上的财物。

（3）就具体案件而言，需要分清行为侵害的对象是债权凭证本身还是债权。

[例 2] 甲盗窃乙的债权凭证后，通过欺骗手段将乙享有的债权变更为自己享有的债权时，盗窃行为的对象是债权凭证，诈骗行为的对象则是债权本身，二者不可混为一谈。

---

〔1〕 参见张明楷：《刑法学》（第 6 版），法律出版社 2021 年版，第 1217、1218 页。

2. 值得讨论的是欠条。债务人盗回、骗回欠条的案件时有发生，但对于欠条能否成为财产罪的对象，则存在不同观点：

（1）否定说认为，盗窃欠条的行为不成立犯罪。其理由如下：

❶ 欠条只能对当事人之间借贷法律关系的存在起到证明作用，欠条的灭失对借贷关系的设立、变更和消灭等不产生实质影响。

❷ 欠条只是特定当事人之间为了证明借款关系的存在而制作的一种书证，不具有票面价值和交换价值，离开了特定的双方当事人它就是废纸一张。

❸ 欠条是特定当事人之间制作的简单条据，绝不是有价证券或有价支付凭证、有价票证。总之，欠条本身不是财产或财物。在这种观点看来，盗窃欠条时，行为人所盗窃的就是欠条本身，但由于欠条的灭失不影响借贷关系，因此，欠条本身既不是财物也不是财产性利益。

（2）限定的肯定说认为，盗窃欠条时，行为对象就是欠条本身，而不是财产性利益。换言之，行为人将他人占有的欠条转移为自己或者第三者占有的行为，针对欠条本身，而不是对他人债权这一财产性利益成立盗窃。尤其是对于入户盗窃、扒窃、携带凶器盗窃欠条以及多次盗窃欠条的行为，能够认定为对欠条本身的盗窃罪。

3. 行为人盗窃记名的债权凭证后销毁、丢弃该凭证，导致失主无法通过挂失、补领、补办手续等方式避免实际损失的，应当如何处理？

（1）有观点认为，对这种行为以盗窃罪论处，而且按照票面数额计算盗窃数额；

（2）有观点认为，盗窃是指将他人占有的财物转移给自己或者第三者占有，但上述行为人只是盗窃了作为有体物的债权凭证，并没有窃取、占有债权，可以认为其通过销毁、丢弃债权凭证使他人丧失债权，毁损了他人的财产性利益，应认定为故意毁坏财物罪。

4. 2013 年司法解释规定，盗窃有价支付凭证、有价证券、有价票证的，按照下列方法认定盗窃数额：

（1）盗窃不记名、不挂失的有价支付凭证、有价证券、有价票证的，应当按票面数额和盗窃时应得的挛息、奖金或者奖品等可得收益一并计算盗窃数额。

（2）盗窃记名的有价支付凭证、有价证券、有价票证，已经兑现的，按照兑现部分的财物价值计算盗窃数额；没有兑现，但失主无法通过挂失、补领、补办手续等方式避免损失的，按照给失主造成的实际损失计算盗窃数额。

注：金融凭证诈骗罪，是指使用伪造、变造的委托收款凭证、汇款凭证、银行存单等其他银行结算凭证进行诈骗活动，数额较大的行为。

卢卢提醒

本考点的核心问题是对盗窃存折等债权凭证之后再兑现的行为如何定罪。

▣ 真题索引

1.（2005/2/11-单）甲到乙的办公室送文件，乙不在。甲看见乙办公桌下的地上有一活期存折（该存折未设密码），便将存折捡走。乙回办公室后找不着存折，但看见桌上的文件，便找到甲问是否看见其存折，甲说没看到。甲下班后去银行将该存折中的5000元取走。

问题：甲的行为如何定性？

[主观题标答]

（1）根据司法解释的规定，甲盗窃存折再使用，认定为盗窃罪，犯罪金额为5000元。

（2）理论上有观点认为，"存折"本身应与其背后代表的财产性利益相区分，甲针对该存折属于盗窃行为（价值低廉不入罪），同时甲冒用他人名义去取钱的行为构成诈骗罪，金额为5000元。两行为属于牵连关系，以诈骗罪论处即可，犯罪金额为5000元。

2.（2006/2/59-多-A）甲盗窃乙的一本存折后，假冒乙的名义从银行取出存折中的5万元存款。

问题：甲的行为如何定性？

[主观题标答]

（1）根据司法解释的规定，甲盗窃存折再使用，认定为盗窃罪，犯罪金额为5万元。

（2）理论上有观点认为，"存折"本身应与其背后代表的财产性利益相区分，甲针对该存折属于盗窃行为（价值低廉不入罪），同时冒用他人名义去取钱的行为，构成诈骗罪，金额为5万元。两行为属于牵连关系，以诈骗罪论处即可，犯罪金额为5万元。

观点展示 27　跟杆闯卡行为的定性[1]

〔1〕　参见张明楷:《刑法学》(第6版),法律出版社2021年版,第1300、1301页。

▶ 考情提示

年　份	题　　型	
	客观题	主观题
2022 年	单项选择题	×
其他年份	×	

▶ 考点总结

司法实践中,存在各种类型的机动车跟杆逃费案件。例如,行为人张三在高速公路收费站附近等待,为逃避缴纳高速公路通行费,多次驾驶小型轿车,采用跟车尾随过杆的方式强行闯卡。不考虑金额,张三的行为如何定性?

1. 有观点认为张三构成抢夺罪。本案中,该行为虽然并非直接夺走高速公司现有的财物,但客观上导致高速公司失去应收的车辆通行费,导致高速公司消极利益的增加。此行为与直接夺取高速公司现有的财物,导致高速公司积极利益的减少的行为在本质上完全一致,均是导致高速公司失去对车辆通行费这一财产性利益的控制。

2. 如果承认财产性利益可以成为故意毁坏财物罪的对象,并认为毁坏是指使他人财物的价值减少或者丧失的一切行为,可以对上述行为以故意毁坏财物罪论处。

3. 如果认为骗取财产性利益时不需要对方具有处分意识,仅需具有处分行为即可,则能认定上述行为构成诈骗罪。因为在这样的场合,行为人的举止表明其将要交付通行费,收费员也误以为其会交费,而不会乘机逃杆,因而没有阻止

（不作为的处分行为），如果行为人明确告诉收费员自己将不交费，收费员就会阻止。

📝 卢卢提醒

> 本考点的核心问题是"跟杆闯卡行为"如何定性，各结论的分析路径是什么。

观点展示 28　"买短乘长"行为的定性[1]

考情提示

年　　份	题　　型	
	客观题	主观题
×	×	

考点总结

例如，列车乘警发现张三购买的是杭州东站到松江南站的火车票，只有 1 站地，但列车已经到了上海虹桥火车站。张三交代自己准备在上海虹桥火车站下车，后查明张三共逃票 70 次，逃票金额合计 8856 元。

1. 有观点认为，张三的行为属于一般违法行为，不构成犯罪。

2. 有观点认为，张三的行为构成盗窃罪，其采取了秘密窃取的手段盗窃在无票区间享有的、铁路部门提供的有偿服务。有偿服务是一种财产性权益，其本质上与有形财物一样具备价值性，可以成为盗窃罪的对象。

3. 命题人认为，张三的行为构成诈骗罪。不管行为人是在上车时就产生了逃票的意思，还是在下车前产生逃票的意思，只要行为人下车时以此种方式逃票，就意味着行为人隐瞒了真相。不管行为人是若无其事地通过下车车站的检票口，还是编造其他理由欺骗检票口的工作人员走出检票口，都属于诈骗罪中的欺骗行为。这种欺骗行为使得铁路部门工作人员产生了认识错误，从而免除了相应对价，工作人员的行为就是处分行为，只要不对处分意思提出过于严格的要求，就能够认定工作人员存在处分意思。

---

[1]　参见张明楷：《刑法学》（第 6 版），法律出版社 2021 年版，第 1318、1319 页。

📝 **卢卢提醒**

　　本考点的核心问题是"买短乘长"的行为如何定性，各结论的分析路径是什么。

观点展示 29　抢劫罪的手段认定[1]

考情提示

年　份	题　　　型	
	客观题	主观题
2021 年	×	部分情节
其他年份	×	

考点总结

抢劫罪既遂要求强制手段与取得财物之间具有因果关系，但强制手段要求足以压制对方反抗。至于以什么为基准判断暴力、胁迫等行为达到了足以压制对方反抗的程度，在理论上存在不同观点：

1. 主观说主张以被害人的主观状态为基准，但可能导致被害人的胆量大小直接决定行为人的行为性质。

2. 客观说主张以一般人的主观状态为基准，但可能导致已经压制了被害人反抗而取得财物的行为仅成立抢劫未遂或者仅成立敲诈勒索罪。

3. 折中说认为暴力、胁迫等达到足以压制被害人反抗的程度是客观的构成要件要素，必须进行客观的判断。但这种客观的判断不可能是一般性的抽象判断，只能是通过考察暴力、胁迫的程度、样态、手段、时间、场所以及行为人与被害人的人数、年龄、性别等因素进行的具体判断，也就是具体情况具体分析：

（1）如果被害人胆小，行为人的暴力、胁迫虽然不能压制一般人的反抗，但事实上已经压制了被害人的反抗，就应认定符合抢劫罪的构成要件。

（2）如果行为人知道被害人胆小，虽然行为人的暴力、胁迫不能压制一般

---

〔1〕　参见张明楷：《刑法学》（第 6 版），法律出版社 2021 年版，第 1270 页。

人的反抗，但仍能肯定行为人具有抢劫罪的故意，进而认定为抢劫罪；反之，如果行为人不知道被害人胆小，由于行为人的暴力、胁迫不能压制一般人的反抗，则应否定行为人具有抢劫罪的故意，只能认定为敲诈勒索罪。

（3）如果被害人胆大，行为人的暴力、胁迫等行为虽然足以压制一般人的反抗，但未能压制被害人的反抗，就只能认定为抢劫未遂（可能同时触犯敲诈勒索罪）。

📝 卢卢提醒

本考点的核心问题是抢劫罪的强制手段必须为"暴力、胁迫或者其他方法"且要达到压制被害人反抗的程度，但该程度如何判断和认定需要考生掌握。

▣ 真题索引

（2021/主观题节选）赵甲潜入李某家行窃，家中只有李某的5岁小孩，赵甲威胁道："你敢出声，就让你的脑袋尝尝大拳头的滋味！"小孩被吓得没有出声，赵甲遂翻箱倒柜拿走李某家里价值2万元的财物（包含手机一部）。

问题：有观点认为，赵甲构成抢劫罪，理由是什么？有观点认为，赵甲构成盗窃罪，理由是什么？

[主观题标答]

（1）由于本案中被害人李某的小孩只有5岁，若主张以被害人李某的小孩的主观状态为基准（即主观说），虽然赵甲的暴力、胁迫不能压制一般人的反抗，但事实上已经压制了被害人李某的小孩的反抗，就应认定赵甲的行为符合抢劫罪的构成要件；

（2）由于本案中被害人李某的小孩只有5岁，若主张以一般人的主观状态为基准（即客观说），虽然赵甲的暴力、胁迫已经压制了被害人李某的小孩的反抗，但不能压制一般人的反抗，赵甲的行为仍可评价为以平和的手段改变李某的小孩对自己财物的占有，构成盗窃罪。

观点展示 30 　抢劫罪的行为对象

▶ 考情提示

年　份	题　型	
	客观题	主观题
2021 年	×	部分情节
2017 年	单项选择题第 8 题 C	×
2016 年	×	部分情节
2010 年	单项选择题第 17 题	×
其他年份	×	

▶ 考点总结

对于抢劫罪的对象仅限于普通的财物还是包含财产性利益，刑法理论上存在不同观点：

1. 观点一（通说）：有观点认为，抢劫罪的对象包含财产性利益，所以行为人在抢劫财产性利益时，由于压制他人的反抗，使财产性利益在事实上发生了转移的，应认定为强取财产性利益。

[例 1] 债务人乙向甲借款后一直未还，后其使用暴力、胁迫方法迫使甲向自己书写收条的，应认定为抢劫罪（既遂）。

[例 2] 债务人为了逃避债务而杀害债权人的，构成抢劫罪既遂（与故意杀人罪成立想象竞合）。

[例 3] 乘坐出租车后使用暴力迫使司机放弃出租车费的，成立抢劫罪（既遂）。

[例 4] 使用暴力、胁迫手段迫使他人将不动产过户给自己的，成立抢劫罪

（针对财产性利益）。

2. 观点二（少数说）：也有观点认为，抢劫罪的对象仅限于普通财物，不包含财产性利益。那么，前述案件只能构成人身犯罪，而非抢劫罪。

✎ 卢卢提醒

本考点的核心问题是抢劫罪的对象为"公私财物"，但该财物是否包含"财产性利益"，对杀人免债的行为如何认定。

➘ 真题索引

1.（2021/主观题节选） 见赵甲挣了不少钱，王某要赵甲还钱，赵甲推脱年底再还，王某很是气愤，威胁若不还钱便举报赵甲销售伪劣产品。赵甲心怀不恣，也想赖掉借款，便潜入王某家中将其杀害。

问题：赵甲杀害王某的行为如何定性？理由是什么？

[主观题标答]

（1）观点一：如果认为抢劫罪的对象可以包括财产性利益，那么，债务人赵甲为了逃避债务，将债权人王某予以杀害，客观上妨碍了王某的债权行使，使王某的债权在事实上发生了转移，应认定为强取财产性利益，构成抢劫罪与故意杀人罪的想象竞合；

（2）观点二：如果认为抢劫罪的对象仅限于普通财物，不包含财产性利益，那么，债务人赵甲为了逃避债务，将债权人王某予以杀害，应认定为故意杀人罪一罪。

2.（2017/2/8-单-C） 丙以欺诈手段骗取李某的名画。李某发觉受骗，要求丙返还，丙施以暴力迫使李某放弃。

问题：丙的行为如何定性？

[主观题标答]

（1）观点一：如果认为抢劫罪的对象可以包括财产性利益，丙针对名画构成诈骗罪，后其施以暴力迫使李某放弃名画返还请求权这一财产性利益，构成抢劫罪，但两罪的法益具有同一性，择一重罪论处；

（2）观点二：如果认为抢劫罪的对象不包括财产性利益，丙针对名画构成诈骗罪，后其施以暴力迫使李某放弃名画返还请求权这一财产性利益，不构成抢劫罪，最终只以诈骗罪论处。

3.（2016/主观题节选）赵某与钱某原本是好友，赵某受钱某之托，为钱某保管一幅名画（价值 800 万元）达 3 年之久。某日，钱某来赵某家取画时，赵某要求钱某支付 10 万元保管费，钱某不同意。赵某突然起了杀意，为使名画不被钱某取回进而据为己有，用花瓶猛砸钱某的头部（编者注：已死亡）。

问题：关于赵某杀害钱某以便将名画据为己有这一事实，可能存在哪几种处理意见？各自的理由是什么？

［主观题标答］关于赵某杀害钱某以便将名画据为己有这一事实，可能存在两种处理意见。

（1）**观点一：**认定为侵占罪与故意杀人罪，实行数罪并罚。理由是，赵某已经占有了名画，不可能对名画实施抢劫行为，杀人行为同时使得赵某将名画据为己有，所以，赵某对名画成立（委托物）侵占罪，对钱某的死亡成立故意杀人罪。

（2）**观点二：**认定成立抢劫罪一罪。理由是，赵某杀害钱某是为了使名画不被返还，钱某对名画的返还请求权是一种财产性利益，财产性利益可以成为抢劫罪的对象，所以，赵某属于抢劫财产性利益。同时，其亦触犯了侵占罪，想象竞合，择一重罪，以抢劫罪论处。

4.（2010/2/17-单）甲欠乙 10 万元久不归还，乙反复催讨。某日，甲持凶器闯入乙家，殴打乙致其重伤，逼迫乙交出 10 万元欠条并在已备好的还款收条上签字。

问题：甲的行为如何定性？

［主观题标答］

（1）**观点一：**通说认为，抢劫的对象包括财产性利益。本案中，债务人甲对债权人乙进行殴打致其重伤，逼迫乙交出 10 万元欠条并在已备好的还款收条上签字，使乙的债权在事实上发生了转移，构成抢劫致人重伤，同时，吸收非法侵入住宅罪。

（2）**观点二：**少数说认为，抢劫罪的对象仅限于普通财物，不包含财产性利益。本案中，债务人甲对债权人乙进行殴打致其重伤，逼迫乙交出 10 万元欠条并在已备好的还款收条上签字，构成故意伤害致人重伤，同时，吸收非法侵入住宅罪。

观点展示 31　入户抢劫的认定[1]

考情提示

年　　份	题　　型	
	客观题	主观题
×		×

考点总结

1. 司法解释规定，凡是以侵害户内人员的人身、财产为目的，入户后实施抢劫，包括入户实施盗窃、诈骗等犯罪而转化为抢劫的，应当认定为"入户抢劫"。但因访友办事等原因经户内人员允许入户后，临时起意实施抢劫，或者临时起意实施盗窃、诈骗等犯罪而转化为抢劫的，不应认定为"入户抢劫"。

2. 命题人主张，只有以抢劫故意入户后实施抢劫的，才能认定为入户抢劫。以抢劫为目的入户，主要包括三种情形：

（1）入户的目的就是实施《刑法》第 263 条规定的普通抢劫罪。

（2）入户时具有能盗窃就盗窃，不能盗窃就抢劫的目的。具有这种目的时，入户后实施抢劫的，应当认定为入户抢劫。

（3）入户时具有事后抢劫的目的。即入户时打算实施盗窃、诈骗、抢夺行为，同时具有被人发现时为窝藏赃物、抗拒抓捕或者毁灭罪证而使用暴力或者以暴力相威胁的意思，进而实施事后抢劫的，也应认定为入户抢劫。

卢卢提醒

本考点的核心问题是"入户抢劫"是否只要非法入户即可，是否要求行为人带着"抢劫"的目的入户。

---

〔1〕　参见张明楷：《刑法学》（第 6 版），法律出版社 2021 年版，第 1290、1291 页。

观点展示 32　抢劫罪中手段与目的之间的分离[1]

〔1〕　参见张明楷:《刑法学》(第 6 版),法律出版社 2021 年版,第 1272、1273 页。

考情提示

年　　份	题　　　　型	
	客观题	主观题
2021 年	×	部分情节
2007 年	单项选择题第 7 题	×
其他年份	×	

考点总结

1. 问题的提出

行为人出于其他目的实施暴力、胁迫行为,使被害人丧失反抗能力后,临时起意,产生非法占有财物的意图,进而取走财物的,是否成立抢劫罪?也就是说,行为人实施暴力、威胁时没有非法占有目的,有非法占有目的时又没有暴力、威胁,能否认定为抢劫罪?

[例]　甲以强奸故意对妇女使用暴力并实施了奸淫行为,在被害妇女昏迷后发现了财物进而取得该财物的,取得财物的行为是成立抢劫罪还是盗窃罪?

反过来说,行为人出于其他目的实施暴力、胁迫压制被害人反抗后产生取得财物的意思,进而取得财物的,如果认定为抢劫罪,是否要求有新的暴力、胁迫等强制行为?

(1) 观点一:不要说认为,行为人利用先前暴力、胁迫产生的不能抗拒的状态取得财物的,就成立抢劫罪,不需要新的暴力、胁迫。

（2）观点二：**必要说（通说）认为，只有当行为人产生取得财物的意思后有新的暴力、胁迫，才能认定为抢劫罪。** 具体而言，可以归纳出以下具体情形（可能存在重叠与交叉）：

❶为了取得财物实施新的暴力、胁迫行为的，应认定为抢劫罪。

❷在共同实施强奸、强制猥亵的过程中，二人的暴力、胁迫行为压制被害人反抗后，一人正在实施奸淫、猥亵行为，另一人取走财物的，对后者取走财物的行为（利用了前者的暴力）应认定为抢劫罪。

❸在被害人被捆绑的过程中，产生犯意取走财物的，由于暴力处于持续过程中，应认定为抢劫罪。

❹在暴力行为已经压制反抗，且仍然能评价为暴力在持续中的状态下，取走财物的，能够认定为抢劫罪。

[例] 被告人强奸未遂致伤后，身体仍然压在被害人上半身上，被害人身上有钱包等物，哀求被告人快起身，被告人在压在被害者身上的状态下取得钱包后逃走。对被告人取得钱包的行为应认定为抢劫罪。

❺在行为人持续实施暴力行为的过程中，被害人提出给钱，行为人才停止的，只要能够评价为存在"如果不给钱就继续实施暴力"的胁迫，就应认定为抢劫罪。

❻暴力行为已经压制反抗后，对被害人有任何可以评价为暴力的行为的，只要符合抢劫罪的构造，就应认定为抢劫罪。

❼暴力行为已经压制反抗后，产生取得财物的意思，又有任何语言威胁的，都可以评价为抢劫罪中的胁迫。

❽暴力行为已经压制反抗后，产生取得财物的意思，行为人要求被害人将财物给自己的，一般也能评价为新的胁迫，因而应认定为抢劫罪。

❾暴力行为已经压制反抗后，产生取得财物的意思，被害人恳求不要取走财物，但行为人仍然取走的，能够认定为抢劫罪。

❿暴力、胁迫行为已经压制反抗，但暴力、胁迫并没有持续时，被害人主动提出给钱，而行为人提出了数额要求的，可以评价为有新的胁迫行为。

⓫暴力行为已经压制反抗，暴力威胁也并没有持续，被害人主动提出给钱，行为人单纯拿走被害人所提供的现金的，不宜认定为抢劫罪。

⓬暴力、胁迫行为已经压制反抗，然后产生取得财物的意思，单纯在被害人意识到的情况下取走了被害人的财物的，不宜认定为抢劫罪。

⓭暴力、胁迫行为已经压制反抗后，产生取得财物的意思，在误以为被害人没有意识到的情况下，取走了被害人的财物的，不应认定为抢劫罪。

⓮暴力、胁迫行为已经压制反抗后，产生取得财物的意思，在被害人没有意识到的情况下，取走了被害人的财物的，不能认定为抢劫。

2. 司法解释规定，行为人实施伤害、强奸等犯罪行为，在被害人未失去知觉，利用被害人不能反抗、不敢反抗的处境，临时起意劫取他人财物的，应以此前所实施的具体犯罪与抢劫罪实行数罪并罚；在被害人失去知觉或者没有发觉的情形下，以及实施故意杀人犯罪行为之后，临时起意拿走他人财物的，应以此前所实施的具体犯罪与盗窃罪实行数罪并罚。

🖊 卢卢提醒

本考点的核心问题是行为人出于其他目的实施暴力、胁迫行为，使被害人丧失反抗能力后，临时起意，产生非法占有财物的意图，进而取走财物的，如何定性。

▣ 真题索引

1. （2021/主观题节选）甲与乙有夺妻之恨，某日两人见面后发生口角，甲殴打乙致其晕倒（仅受轻微伤），甲见状随手将乙的手机拿走（价值 900 余元）。

问题：有观点认为，甲构成抢劫罪，理由是什么？有观点认为，甲不构成抢劫罪，理由是什么？

[主观题标答]

（1）观点一：如果认为行为人利用先前暴力、胁迫行为产生的不能抗拒的状态取得财物的，不需要新的暴力、胁迫行为就可成立抢劫罪，那么，本案中，甲先将乙打晕之后，临时起意产生非法占有财物的目的，即使并未有新的暴力、胁迫行为，仍可构成抢劫罪。

（2）观点二：如果认为行为人利用先前暴力、胁迫行为产生的不能抗拒的状态取得财物的，需要新的暴力、胁迫行为方可成立抢劫罪，那么，本案中，甲先将乙打晕之后，临时起意产生非法占有的目的，由于并未有新的暴力、胁迫行为，故甲不构成抢劫罪。同时，根据相关司法解释的规定，行为人实施伤害、强奸等犯罪行为，在被害人失去知觉或者没有发觉的情形下，临时起意拿走他人财物的，应以此前所实施的具体犯罪与盗窃罪实行数罪并罚。但由于本案中乙的手机价值仅有900余元，未达到盗窃罪的"数额较大"的入罪标准，最终，甲无罪。

2. （2007/2/7-单）张某出于报复动机将赵某打成重伤，发现赵某丧失知觉后，临时起意拿走了赵某的钱包，钱包里有1万元现金，张某将其占为己有。

问题：张某的行为如何定性？

［主观题标答］

（1）观点一：根据不要说，行为人出于其他目的实施暴力、胁迫行为，使被害人丧失反抗能力后，临时起意，产生非法占有财物的意图，即使没有新的暴力、胁迫行为，行为人也属于利用先前暴力、胁迫行为产生的不能抗拒的状态取得财物，成立抢劫罪。

（2）观点二：根据司法解释和必要说，行为人出于其他目的实施暴力、胁迫行为，使被害人丧失反抗能力后，临时起意，产生非法占有财物的意图，只有有新的暴力、胁迫行为，才能认定为抢劫罪。本案中，张某出于报复动机将赵某打成重伤，在发现赵某丧失知觉后，临时起意拿走了赵某的钱包时并无新的暴力、胁迫行为，因此，张某的取财行为构成盗窃罪。

观点展示 33　事后抢劫的行为主体[1]

■ 考情提示

年　　份	题　　　型	
	客观题	主观题
2010 年	单项选择题第 4 题 B、第 58 题 B	×
其他年份	×	

■ 考点总结

《刑法》第 269 条 ［事后抢劫］ <u>犯盗窃、诈骗、抢夺罪，为窝藏赃物、抗拒抓捕或者毁灭罪证而当场使用暴力或者以暴力相威胁的，依照本法第 263 条（抢劫罪）的规定定罪处罚。</u>

问题：已满 14 周岁不满 16 周岁的人，实施盗窃等行为，为窝藏赃物等目的而当场使用暴力或者以暴力相威胁的，应否以事后抢劫罪追究刑事责任？

1. 观点一：不构成事后抢劫。司法解释规定，"已满 14 周岁不满 16 周岁的人盗窃、诈骗、抢夺他人财物，为窝藏赃物、抗拒抓捕或者毁灭罪证，当场使用暴力，故意伤害致人重伤或者死亡，或者故意杀人的，<u>应当分别以故意伤害罪或者故意杀人罪定罪处罚</u>。"同时，根据司法解释的规定，如果行为人使用暴力或者以暴力相威胁的行为没有致人重伤、死亡，则不以犯罪论处。具体理由如下：

（1）事后抢劫以行为人犯盗窃、诈骗、抢夺罪为前提，但根据《刑法》的规定，已满 14 周岁不满 16 周岁的人不能犯盗窃、诈骗、抢夺罪，所以，其也不能犯事后抢劫；

---

〔1〕 参见张明楷：《刑法学》（第 6 版），法律出版社 2021 年版，第 1280、1281 页。

（2）事后抢劫的社会危害性不同于普通抢劫罪的社会危害性，已满 14 周岁不满 16 周岁的人虽然应对危害较重的普通抢劫罪负刑事责任，但不能对危害较轻的事后抢劫承担刑事责任。

2. 观点二：构成事后抢劫。理由如下：

（1）事后抢劫与普通抢劫具有等质性，而且事后抢劫属于抢劫罪的一种类型。既然《刑法》第 17 条第 2 款规定已满 14 周岁不满 16 周岁的人应当对抢劫罪负刑事责任，当然其就应对事后抢劫负刑事责任。

（2）在犯罪低龄化的趋势相当明显的情况下，一方面从立法论上主张降低刑事责任年龄，另一方面又主张已满 14 周岁不满 16 周岁的人对事后抢劫罪不负刑事责任的做法显然不协调。多数国家刑法规定已满 14 周岁的人对一切犯罪承担刑事责任，而我国刑法规定已满 16 周岁的人才对一切犯罪承担刑事责任。所以，在现行刑法之下，将《刑法》第 17 条第 2 款所规定的已满 14 周岁不满 16 周岁的人应当承担刑事责任的抢劫罪解释为包括事后抢劫在内是合适的。

📝 卢卢提醒

　　本考点的核心问题是司法解释规定对已满 14 周岁不满 16 周岁的人的事后抢劫行为不认定为抢劫罪是否合理。

观点展示 34　事后抢劫的前提行为

▷ 考情提示

年　份	题　型	
	客观题	主观题
2018 年	单项选择题	×
其他年份	×	

▷ 考点总结

《刑法》第 269 条 [事后抢劫]　犯盗窃、诈骗、抢夺罪，为窝藏赃物、抗拒抓捕或者毁灭罪证而当场使用暴力或者以暴力相威胁的，依照本法第 263 条（抢劫罪）的规定定罪处罚。

问题 1：“犯盗窃、诈骗、抢夺罪”是否包括预备犯？

命题人认为不包括预备犯。行为人为实行盗窃、诈骗、抢夺罪而实施预备行为时，虽然在理论上属于犯罪预备，但在我国根本不可能作为犯罪处理。此外，从形式上讲，刑法分则规定的“犯盗窃、诈骗、抢夺罪”原本应是指实行行为，而不包括预备行为。当然，在盗窃、诈骗、抢夺的正犯着手实行后，也包括教唆行为与帮助行为。

问题 2：行为人实施特殊的盗窃、诈骗、抢夺行为（如盗伐林木、金融诈骗等），出于窝藏赃物等法定目的而当场实施暴力或者以暴力相威胁的，是否成立事后抢劫？

1. 观点一：否定说指出，“犯盗窃、诈骗、抢夺罪”自然只限于侵犯财产罪一章所规定的普通盗窃、诈骗、抢夺罪，因为其他特殊类型的盗窃、诈骗、抢夺既然由《刑法》规定了单独的罪名和法定刑，就有别于普通盗窃、诈骗、抢夺的犯罪，在《刑法》没有明文规定的条件下，认为实施这类犯罪也可能转化为抢劫罪，同样是违反罪刑法定主义的。据此，先前实施盗伐林木、金融诈骗、合同诈骗等行为的，不可能成立事后抢劫。

2. 观点二：肯定说指出，"犯盗窃、诈骗、抢夺罪"不仅包括《刑法》第264条规定的盗窃罪、第266条规定的诈骗罪、第267条第1款规定的抢夺罪，而且应当认为，凡是可以评价为盗窃、诈骗、抢夺罪的行为，都可能再成立事后抢劫罪。例如，盗伐林木罪可以将其评价为盗窃罪，也可以以事后抢劫论处。

（1）基于同样的理由，各种金融诈骗罪与合同诈骗罪也完全符合诈骗罪的成立要件，因而可能成立事后抢劫。

（2）根据上述观点，必要时，完全可以将普通抢劫行为评价为盗窃罪（或视情形评价为抢夺罪），使其也可以再成立事后抢劫。基于同样的理由，对于携带凶器抢夺的（根据《刑法》第267条第2款的规定，以抢劫罪论处），必要时，也可以评价为抢夺罪，进而以事后抢劫论处。

（3）至于可以评价为盗窃、诈骗、抢夺罪的行为，与《刑法》第264条（盗窃罪）、第266条（诈骗罪）、第267条第1款（抢夺罪）规定的普通盗窃、诈骗、抢夺罪是法条竞合还是想象竞合，则在所不问。

当然，如果某种行为不能评价为侵犯财产的盗窃、诈骗、抢夺罪时，则不能成立事后抢劫。例如，普通盗窃、抢夺国家机关公文、证件、印章的行为，由于公文、证件、印章的财产价值微薄，在不可能评价为刑法上的盗窃罪、抢夺罪时，就不可能成立事后抢劫。再如，骗取出境证件的行为，不可能评价为刑法上的诈骗罪，故不可能成立事后抢劫。

✒ 卢卢提醒

本考点的核心问题是对事后抢劫的前提"犯盗窃、诈骗、抢夺罪"如何理解。类似的问题还存在于对"已满14周岁不满16周岁针对八种罪承担刑事责任"中的"八种罪"的理解，对洗钱罪中上游"七种罪"的理解，对掩饰、隐瞒犯罪所得、犯罪所得收益罪中的"犯罪"的理解。

观点展示 35 事后抢劫的行为对象

年　　份	题　　　　　型	
	客观题	主观题
2021 年	×	部分情节
2017 年	多项选择题第 60 题 C	×
2013 年	×	部分情节
其他年份	×	

考点总结

《刑法》第 269 条［事后抢劫］　犯盗窃、诈骗、抢夺罪，为窝藏赃物、抗拒抓捕或者毁灭罪证而当场使用暴力或者以暴力相威胁的，依照本法第 263 条（抢劫罪）的规定定罪处罚。

在第三者并没有妨碍行为人的任何目的时，行为人误以为第三者要夺回财物或者实施抓捕，而对第三者实施暴力或者以暴力相威胁的，应当如何处理？换言之，针对此"完全无关的第三者"，虽然存在主观的关联性，但并无客观的关联性时，即出现对象错误时，行为人是否成立事后抢劫？

1. 观点一：否定说（通说）认为，如果强调事后抢劫与普通抢劫的同质性，则应当要求"暴力或者以暴力相威胁"具有客观的关联性，即针对本案第三人实施的"暴力或者以暴力相威胁"，对于防止财物被追回客观上是完全没有意义的，因此，在这种情形下认定事后抢劫并不妥当。

2. 观点二：肯定说（少数说）认为，《刑法》第 269 条属于法律拟制，其既没有对暴力、胁迫的对象作出特别限定，也没有要求暴力、胁迫行为起因于先前的盗窃等行为被发现。换言之，《刑法》第 269 条仅要求犯盗窃等罪的行为人出于窝藏赃物等目的而当场实施暴力或者胁迫行为，所以，即使第三者并没有妨碍行为人的任何目的，也要认定行为人成立事后抢劫。

✎ **卢卢提醒**

> 本考点的核心问题是事后抢劫中"暴力或者以暴力相威胁"的对象是否包括完全无关的第三人。

▣ 真题索引及写作训练

1.（2021/主观题节选）某日，赵某前往王某家盗窃电脑，下楼逃跑时误将李某当作王某，为了窝藏赃物，遂将李某打成轻伤后携带电脑逃离。事后查明，李某是准备前往王某家贴小广告的。

问题：有观点认为，赵某构成事后抢劫，理由是什么？有观点认为，赵某构成盗窃罪与故意伤害罪，数罪并罚，理由是什么？

[主观题标答]

（1）认为赵某构成事后抢劫的理由是：《刑法》第269条关于事后抢劫的规定属于法律拟制，其没有对暴力、胁迫的对象作出特别限定，只要犯盗窃等罪的行为人出于窝藏赃物等目的而当场实施暴力或者胁迫行为，即使第三者并没有妨碍行为人的任何目的，也要认定行为人成立事后抢劫。基于此，赵某构成事后抢劫。

（2）认为赵某构成盗窃罪与故意伤害罪，数罪并罚的理由是：如果强调事后抢劫与普通抢劫的同质性，则应当要求"暴力或者以暴力相威胁"具有客观的关联性，即针对本案王某实施的"暴力"，对于防止财物被追回客观上是完全没有意义的，因此，这种情形不成立事后抢劫。基于此，应将赵某的行为评价为盗窃罪与故意伤害罪，数罪并罚。

2.乙抢夺被害人小A的财物，小A大呼救命，并紧追不舍。正在旁边理发店理发的某国有公司经理甲出于好奇探出头来看看热闹。乙误以为甲是来抓自己的，就用手指着甲说道："别多管闲事，小心你的狗命！"甲赶紧进屋躲起来。

问题：乙的行为如何定性？如有不同观点，请说明理由。

[主观题标答]

（1）观点一：若认为完全无关的第三者可以成为事后抢劫的行为对象（具有主观的关联性即可），乙构成（事后）抢劫罪。本案中，乙抢夺小A的财物后，出于抗拒抓捕的主观意图，对甲以暴力相威胁，虽然甲客观上并无抓乙的行为，但是根据《刑法》第 269 条的规定，只要行为人具有"为窝藏赃物、抗拒抓捕或者毁灭罪证"的主观意图，"当场使用暴力或者以暴力相威胁"达到足以压制他人反抗的程度，无需客观上实现这一意图，即可构成（事后）抢劫罪。

（2）观点二：若认为完全无关的第三者不可以成为事后抢劫的行为对象（具有客观的关联性方可），乙不构成（事后）抢劫罪，仅构成抢夺罪一罪。本案中，乙抢夺小 A 的财物后，虽然出于抗拒抓捕的主观意图对甲以暴力相威胁，但甲客观上并无抓捕乙的行为，故乙不构成（事后）抢劫罪。

3. （2013/主观题节选）甲与余某有一面之交，知其孤身一人。某日凌晨，甲携匕首到余家盗窃，物色一段时间后，未发现可盗财物。此时，熟睡中的余某偶然大动作翻身，且口中念念有词。甲怕被余某认出，用匕首刺死余某，仓皇逃离。

问题：对甲的行为应当如何定性？理由是什么？

[主观题标答] 没有争议的是，甲构成盗窃罪未遂（携带凶器盗窃、入户盗窃）和故意杀人罪既遂，数罪并罚。本案中，甲到余家实施盗窃行为，属于携带凶器盗窃、入户盗窃，但是分文未得，因此仍然构成盗窃罪未遂。随后甲在自己的盗窃行为尚未被发觉时，出于抗拒抓捕、毁灭罪证的目的而杀害余某，由于缺乏客观的关联性，不构成事后抢劫，同时也不构成普通的抢劫罪。

4. （2017/2/60-多-D）丁抢夺张某财物后逃跑，为阻止张某追赶，出于杀害故意向张某开枪射击。子弹未击中张某，但击中路人汪某，致其死亡。

问题：丁的行为如何定性？

[主观题标答] 本案中，客观上存在妨碍丁实现窝藏赃物、抗拒抓捕的人张某，此时丁实施暴力后击中无关人员汪某，具有客观的关联性，只不过产生了打击错误，但无论采取法定符合说还是具体符合说，均不影响对其抢劫致人死亡的认定：

（1）丁存在打击错误，若采法定符合说，丁针对张某构成抢劫罪的基本犯与故意杀人罪未遂的想象竞合（或者表述为"同时构成抢劫罪的基本犯与抢劫致人死亡未遂，想象竞合"），而针对汪某构成抢劫致人死亡既遂，想象竞合，最终认定为抢劫致人死亡既遂。

（2）丁存在打击错误，若采具体符合说，丁针对张某构成抢劫罪的基本犯与故意杀人罪未遂的想象竞合（或者表述为"同时构成抢劫罪的基本犯与抢劫致人死亡未遂，想象竞合"），而针对汪某构成抢劫过失致人死亡，想象竞合，最终认定为抢劫过失致人死亡。

观点展示 36　抢劫罪既遂的标准

考情提示

年　份	题　　　型	
	客观题	主观题
2019 年	单项选择题	×
其他年份	×	

考点总结

1. 关于普通抢劫罪既遂与未遂的区分标准，理论上存在不同观点：

（1）司法解释规定，具备劫取财物或者造成他人轻伤以上后果两者之一的，均属抢劫既遂；既未劫取财物，又未造成他人人身伤害后果的，属抢劫未遂。且该既遂标准适用于事后抢劫的情形。

（2）命题人认为，抢劫罪属于侵犯财产罪，理应以行为人取得（控制）被害人财物为既遂标准；造成轻伤但未取得财物的，依然属于抢劫未遂。抢劫致人重伤、死亡但未取得财物的，属于结果加重犯的既遂，但基本犯仍然未遂。

2. 关于事后抢劫的既遂标准存在不同观点：

（1）观点一：通说认为，事后抢劫属于侵犯财产罪，而且属于取得罪，因此，先前的盗窃等行为未遂的，应认定为事后抢劫未遂；先前的盗窃等行为既遂的，应认定为事后抢劫既遂。

（2）观点二：还有观点认为，盗窃罪等的既遂不等于事后抢劫的既遂，只有当行为人最终取得了财物时，才成立事后抢劫既遂。据此，虽然行为人盗窃等既遂，且行为人为了窝藏赃物而当场使用暴力，但财物最终被被害人夺回的，仍然只成立事后抢劫未遂。

卢卢提醒

本考点的核心问题是抢劫罪包括事后抢劫的既遂标准如何确定。

观点展示 37　诈骗罪中的处分意识[1]

◤ 考情提示

年　份	题　型	
	客观题	主观题
2018 年	×	部分情节
2013 年	多项选择题第 61 题 C	×
其他年份	×	

◤ 考点总结

对于诈骗罪的成立是否要求受骗者在处分财物时必须具有处分意识（意思），理论上存在不同观点：

1. **观点一：处分意识不要说**（默认错误）认为，成立诈骗罪无需处分意识，只需具有处分行为即可。

2. **观点二：处分意识必要说**（通说）认为，成立诈骗罪要求受骗者处分财产时必须具有处分意识，即认识到自己将某种财产转移给行为人或者第三者占有，其可以分为缓和论者（抽象处分说）和严格论者（具体处分说）。

（1）缓和论者不要求对财产的数量、价格等具有完全的认识，但是要求认识到财物的性质、种类，才能认定为诈骗罪，否则只能成立盗窃罪。这种观点遵从了盗窃罪、诈骗罪区分的本质要求，即诈骗罪是行为人基于对方有瑕疵的认识处分财产进而取得财产的犯罪，盗窃罪是完全违背对方意志取得财产的犯罪。

（2）严格论者要求必须对处分财物的内容包括交付的对象、数量、价值等有全面的认识。这种观点会导致盗窃罪成立范围极宽，而成立诈骗罪的范围很窄。

---

[1]　参见张明楷：《刑法学》（第 6 版），法律出版社 2021 年版，第 1308 页。

[例1] 甲在某商场购物时，将便宜照相机的价格条形码与贵重照相机的价格条形码予以更换，使店员将贵重相机以便宜照相机的价格"出售"给自己。按照缓和论者的观点，店员客观上处分了照相机，虽然他没有意识到所处分的是贵重相机，但仍应认定为具有处分意识，甲成立诈骗罪；按照严格论者的观点，甲成立盗窃罪。

[例2] 乙将一个照相机包装盒里的泡沫取出，使一个包装盒里装入两个照相机，然后拿着装有两个照相机的一个包装盒付款，店员以为包装盒里只装有一个照相机，仅收取了一个照相机的货款。按照缓和论者的观点，店员认识到自己将包装盒里的"财物"处分给了乙，也具有处分意识，乙成立诈骗罪；按照严格论者的观点，乙成立盗窃罪。

[例3] 丙在某商场购物时，偷偷地从一箱方便面取出几袋方便面，并将一个照相机放在方便面箱子里，然后拿着方便面箱子付款，店员没有发现方便面箱子里的照相机，只收取了一箱方便面的货款。按照缓和论者的观点，店员虽然认识到自己将方便面箱子里面的"财物"处分给了丙，但没有认识到处分方便面之外的照相机，应当认为店员没有处分照相机的意识，丙成立盗窃罪；按照严格论者的观点，丙亦成立盗窃罪。

✍ **卢卢提醒**

> 本考点的核心问题是诈骗罪的构成需要被骗人陷入错误认识，并基于错误认识处分财物。在被骗人处分财物时，需要其主观上具有处分意识吗？如果认为需要，那如何理解处分意识？对被骗人的处分意识需要具体到何种程度？

[补充提醒] 另外请注意三角诈骗[1]：一般的三角诈骗是指受骗人与受害人并非同一人的情形，但要求受骗人具有处分受害人财物的权限和地位，并基于认识错误处分受害人的财物，让其遭受财产损失。特殊的三角诈骗是指受骗人与受害人虽然并非同一人，但受骗人基于认识错误处分自己的财物，最终根据某种规则让受害人遭受财产损失。例如，"偷换二维码案""员工骗取货款案""借用淘宝账号案"等。

---

[1] 参见张明楷：《刑法学》（第6版），法律出版社2021年版，第1316、1317页。

↘ 真题索引

1. （2018/主观题节选）一日，王某、刘某在某酒店就餐，消费 3000 元。在王某结账时，收银员吴某偷偷调整了 POS 机上的数额，故意将 3000 元餐费改成 30 000 元，交给王某结账。王某果然认错，支付了 30 000 元。

问题：吴某的行为构成何罪？有不同观点的，请说明理由。

［主观题标答］

（1）观点一：吴某的行为构成盗窃罪，数额为 27 000 元。如果认为成立诈骗罪需要被骗人具有处分意识，同时其要对处分财物的内容包括交付的对象、数量、价值等有全面的认识，本案中，可以认为王某虽然具有处分意识，但是只是认为自己处分的是"3000 元"而不是"30 000 元"，其对多余的"27 000 元"并没有处分意识，因此，吴某对王某的 27 000 元成立盗窃罪，属于以平和的手段改变占有。

（2）观点二：吴某的行为成立诈骗罪，数额为 27 000 元。原因有二：①如果认为成立诈骗罪需要被骗人具有处分意识，但是不要求其对财产的数量、价格等具有完全的认识，只要认识到财物的性质、种类即可，就能认定为诈骗罪，本案中，可以认为王某不仅对"3000 元"具有处分意识，而且对多余的"27 000 元"也具有处分意识，故吴某的行为构成诈骗罪。②也有观点认为，即使被骗人不具有处分意识，行为人也可以成立诈骗罪，那么，具体到本案，吴某采用欺骗手段使王某处分了自己的财产，无论王某是否意识到处分了自己的财产，吴某的行为均可以成立诈骗罪。

2. （2013/2/61-多-C）甲请客（餐费 1 万元）后，发现未带钱，便向餐厅经理谎称送走客人后再付款。经理信以为真，甲趁机逃走。

问题：甲的行为如何定性？

［主观题标答］

（1）如果采取处分意识不要说，由于餐厅经理并没有因此从法律上或事实上免除甲的债务，也即没有处分行为，甲的行为不构成诈骗罪。

（2）如果采取处分意识必要说，即使对处分意识作十分缓和的理解（抽象处分说），也不能认定餐厅经理具有处分意识与处分行为，甲的行为不构成诈骗罪。

注：如果甲谎称已经付款而离开，应认定餐厅经理具有处分意识与处分行为，甲对财产性利益（餐费）成立诈骗罪。

观点展示 38　侵占罪的认定

◤ 考情提示

年　份	题　型	
	客观题	主观题
2017 年	单项选择题第 18 题 A	×
2013 年	×	部分情节
其他年份	×	

◤ 考点总结

《刑法》第 270 条 ［侵占罪］　将代为保管的他人财物非法占为己有，数额较大，拒不退还的，处 2 年以下有期徒刑、拘役或者罚金；数额巨大或者有其他严重情节的，处 2 年以上 5 年以下有期徒刑，并处罚金。

将他人的遗忘物或者埋藏物非法占为己有，数额较大，拒不交出的，依照前款的规定处罚。

本条罪，告诉的才处理。

1. 关于委托物侵占中的"金钱"[1]

（1）民法理论一般认为，金钱的占有者就是金钱的所有者。如果原封不动地将这种观点纳入刑法，就意味着对于金钱不可能成立委托物侵占罪。但这一结论难言妥当。

（2）在刑法上：

❶当委托人将金钱封装于一定容器交付受托人保管，并明确表示不允许消

---

[1]　参见张明楷：《刑法学》（第 6 版），法律出版社 2021 年版，第 1262 页。

费、使用的场合（也可谓"封缄物"），受托人具有保护委托人的所有权的义务。换言之，在这种场合，金钱是作为特定物交由受托人管理的。对于受托人而言，该金钱属于自己占有的他人财物。如果受托人消费该金钱，便成立委托物侵占罪。

❷当委托人确定了用途而将金钱委托给受托人管理，对于受托人而言，该金钱也属于自己占有的他人财物。例如，甲将 A 交付的用于购买股票的金钱予以消费的，该金钱属于甲占有的财物。问题是，甲具有归还的意思但暂时使用该金钱的行为是否成立委托物侵占罪？不成立。但甲经过长时间才填补的，也会被认定为委托物侵占罪。

❸委托人将金钱作为不特定物转移给受托人时（并非民法上的借贷关系），其法律意义上的所有权也同时转移给受托人。受托人处分该金钱的行为不成立委托物侵占罪，只有当受托人拒不退还该金钱时，才能认定其为"非法占为己有"，成立委托物侵占罪。

2. 遗忘物（或称遗失物），是指非基于他人本意而脱离他人占有，偶然（即不是基于委托关系）由行为人占有或者占有人不明的财物。

3. 关于基于不法原因而委托给付的财物能否成为本罪的对象，刑法理论上存在争论[1]。

[例] 甲欲向国家工作人员行贿，而将财物委托给乙转交，但乙将该财物据为己有，乙的行为是否构成侵占罪？

❶肯定说认为，虽然甲在民法上没有返还请求权，但其并没有因此丧失财物的所有权，相对于乙而言，该财物仍然属于"自己占有的他人财物"；刑法与民法的目的不同，即使上述委托关系在民法上不受保护，也不影响侵占罪的成立。

❷否定说（通说）认为，甲对该财物没有权利请求返还，故可以认为该财物的所有权已经不属于甲，因此，乙没有将"他人财物"据为己有；如果将乙的行为认定为犯罪，则破坏了法秩序的统一性，违反了刑法的谦抑性；侵占罪不只是侵犯财产，还有破坏委托信任关系的一面，而甲的委托与乙的收受之间并不存在一种法律上的委托信任关系。

4. 窝藏或者代为销售的赃物能否成为委托物侵占的对象，也是需要研究的

---

〔1〕 参见张明楷：《刑法学》（第 6 版），法律出版社 2021 年版，第 1263 页。

问题[1]。

[例] 甲为盗窃犯，将其盗窃的财物委托乙窝藏或者代为销售，但乙知道真相却将该财物据为己有或者将销售后所得的现金据为己有。

❶肯定说认为，虽然乙接受的是盗窃犯的委托，但其受托占有的财物仍然是他人的财物，而且事实上占有着该财物，故其行为属于将自己占有的他人财物据为己有，成立委托物侵占。

❷否定说（通说）认为，乙虽然接受了盗窃犯的委托，但盗窃犯并不是财物的所有权人；既然如此，甲与乙之间就不存在任何形式的所有权人与受托人之间的委托关系，故乙的行为不成立委托物侵占；相对于原所有权人而言，赃物属于脱离占有物，乙将赃物据为己有的行为属于侵占脱离占有物，但由于乙将赃物或者犯罪所得收益据为己有的行为成立赃物犯罪，侵占脱离占有物的行为被吸收，因此对其仅以赃物犯罪论处。

✒️ 卢卢提醒

　本考点的核心问题是"基于不法原因而委托给付的财物"以及"窝藏或者代为销售的赃物"能否成为侵占罪的对象。

▣ 真题索引

1. （2017/2/18-单-A）张某欲向县长钱某行贿，委托甲代为将5万元贿赂款转交钱某。甲假意答应，拿到钱后据为己有。

问题：**甲的行为如何定性？**

[主观题标答] 甲构成诈骗罪。如果案情变为"张某欲向县长钱某行贿，委托甲代为将5万元贿赂款转交钱某。甲答应照办，拿到钱后不久据为己有"，此时，甲是否构成侵占罪，存在肯定说与否定说。

2. （2013/主观题节选）在甲、乙被起诉后，甲父丙为使甲获得轻判，四处托人，得知丁的表兄刘某是法院刑庭庭长，遂托丁将15万元转交刘某。丁给刘某送15万元时，遭到刘某坚决拒绝。

---

〔1〕参见张明楷：《刑法学》（第6版），法律出版社2021年版，第1263页。

丁告知丙事情办不成，但仅退还丙 5 万元，其余 10 万元用于自己炒股。在甲被定罪判刑后，无论丙如何要求，丁均拒绝退还余款 10 万元。丙向法院自诉丁犯有侵占罪。

问题：有人认为丁构成侵占罪，有人认为丁不构成侵占罪。你赞成哪一观点？具体理由是什么？

［主观题标答］

（1）构成。理由：

❶丁将代为保管的他人财物非法占为己有，数额较大，拒不退还，完全符合侵占罪的犯罪构成。

❷无论丙对 10 万元是否具有返还请求权，10 万元都不属于丁的财物，因此该财物属于"他人财物"。

❸虽然民法不保护非法的委托关系，但刑法的目的不是确认财产的所有权，而是打击侵犯财产的犯罪行为，如果不处罚侵占代为保管的非法财物的行为，将可能使大批侵占赃款、赃物的行为无罪化，这并不合适。

（2）不构成。理由：

❶10 万元为贿赂款，丙没有返还请求权，该财物已经不属于丙，因此，丁没有侵占"他人的财物"。

❷该财产在丁的实际控制下，不能认为其已经属于国家财产，故该财产不属于代为保管的"他人财物"。据此，不能认为丁虽未侵占丙的财物但侵占了国家财产。

❸如认定为侵占罪，会得出民法上丙没有返还请求权，但刑法上认为其有返还请求权的结论，刑法和民法对相同问题会得出不同结论，法秩序的统一性会受到破坏。

观点展示 39　侵占后的欺骗行为

↘ 考情提示

年　份	题　　　型	
	客观题	主观题
2007 年	单项选择题第 17 题 B、多项选择题第 61 题 B	×
其他年份	×	

↘ 考点总结

正确处理诈骗罪与侵占罪的关系：行为人接受委托代为保管他人财物，非法将财物占为己有后，在被害人请求返还时，虚构财物被盗等理由使被害人免除行为人的返还义务的，仅成立侵占罪一罪抑或另外成立诈骗罪？

1. 观点一（通说）：仅成立侵占罪一罪。因为该行为仅侵害了被害人的同一法益，事后的欺骗行为属于为了确保对同一侵占物的不法占有而实施的不可罚的事后行为，故不另成立诈骗罪。

2. 观点二（命题人观点）：不仅成立侵占罪，而且成立诈骗罪。因为难以认为后行为没有侵犯新的法益，也难以认为行为人缺乏期待可能性。此外，与单纯骗免债务的行为构成诈骗罪相比，对上述行为仅以侵占罪论处明显不协调。因此，后面的欺骗行为所获得的是财产性利益，不属于不可罚的事后行为，但前后法益具有同一性，应从一重罪论处。

[例 1]　甲去银行取款 10 000 元，银行工作人员操作失误给付了 20 000 元，事后银行找到甲，甲欺骗银行使其免除自己归还 10 000 元。甲构成侵占罪一罪或者侵占罪与诈骗罪，择一重罪处罚。

[例 2]　甲、乙等人一起吃饭，甲因有事要外出一下，便向乙借用了摩托车，

在返回途中，甲产生了非法占有乙的摩托车（价值 10 500 元）的邪念。之后，甲便将摩托车直接骑到某停车场藏放，而后将车钥匙还给乙，并说车已停放在原位置。吃完饭后，乙发现摩托车不见了，便问甲怎么回事。甲却说"我回来时已将车锁好，一定是被偷了"，并敦促乙报警。甲构成侵占罪一罪或者侵占罪与诈骗罪，择一重罪处罚。

✏️ 卢卢提醒

　　本考点的核心问题是侵占他人财物后，在被害人请求返还时，虚构财物被盗等理由使被害人免除行为人的返还义务的行为，是否成立单独的诈骗罪。

▶ 真题索引

1.（2007/2/17-单-B）乙受王某之托将价值 5 万元的手表送给 10 公里外的朱某，乙在路上让许某捆绑自己，伪造了抢劫现场，将表据为己有。报案后，乙向警方说自己被抢。

　　问题：**乙的行为如何定性？**

[主观题标答]

（1）观点一（通说）：乙仅成立侵占罪一罪。因为乙的行为仅侵害了被害人的同一法益，乙事后的欺骗行为属于为了确保对同一侵占物的不法占有而实施的不可罚的事后行为，故不另成立诈骗罪。

（2）观点二（命题人观点）：不仅成立侵占罪，而且成立诈骗罪。因为难以认为乙的后行为没有侵犯新的法益，也难以认为其缺乏期待可能性，对上述行为仅以侵占罪论处明显不合理。后面的欺骗行为所获得的是财产性利益，因而不属于不可罚的事后行为，但对乙应从一重罪论处。

2.（2007/2/57-单-B）乙借用李某的摩托车后藏匿不想归还。李某要求归还时，乙谎称摩托车被盗。

　　问题：**乙的行为如何定性？**

[主观题标答]

（1）根据通说观点，乙的行为仅构成侵占罪，不构成诈骗罪；

（2）根据命题人的观点，乙的行为分别构成侵占罪与诈骗罪，择一重罪处罚。

观点展示 40　受贿罪的既遂标准[1]

考情提示

年　份	题　　　型	
	客观题	主观题
2020 年	多项选择题	×
2006 年	单项选择题第 19 题	×
其他年份	×	

考点总结

1. 我国的传统观点认为，受贿罪以取得财物为既遂。在收受贿赂的情况下，以接受贿赂为既遂具有合理性。例如，收受了他人交付的转账支票后，还没有提取现金的，应认定为受贿既遂。收受购物卡后，即使还没有购物，也应认定为受贿既遂（受贿数额按购物卡记载的数额计算）。收受银行卡后，即使没有使用，也应认定为受贿既遂（卡内的存款数额应按全额认定为受贿数额）。收受贿赂后，将贿赂用于公益事业的，不影响受贿既遂的认定，更不影响受贿罪的成立与受贿数额的认定。

2. 命题人认为，在索取贿赂的情况下，应当以实施了索要行为作为受贿既遂标准。因受贿罪保护的法益是国家工作人员职务行为的不可收买性，在索要贿赂的情况下，即使行为人没有现实取得贿赂，其索要行已经侵害了职务行为的不可收买性。在司法实践中，对于单纯利用职务上的便利索要贿赂，而没有现实取得贿赂的行为，一般都没有认定为受贿罪，或者仅认定为受贿未遂。原因之一在于，司法机关将索取型受贿罪理解为索取并收受贿赂，实质的根源是将受贿罪视

---

[1]　参见张明楷：《刑法学》（第 6 版），法律出版社 2021 年版，第 1607、1608 页。

为财产犯罪（对收受财物后及时退还的，不以任何犯罪论处，也说明了这一点）。

📝 *卢卢提醒*

受贿罪的既遂标准一律是以取得财物为既遂吗？有没有不同观点？

观点展示 41　行贿罪中的"为谋取不正当利益"

■ 考情提示

年　份	题　　型	
	客观题	主观题
2008 年延	多项选择题第 51 题 A	×
2003 年	多项选择题第 38 题 B	×
其他年份	×	

■ 考点总结

《刑法》第 389 条〔行贿罪〕　为谋取不正当利益，给予国家工作人员以财物的，是行贿罪。

在经济往来中，违反国家规定，给予国家工作人员以财物，数额较大的，或者违反国家规定，给予国家工作人员以各种名义的回扣、手续费的，以行贿论处。

因被勒索给予国家工作人员以财物，没有获得不正当利益的，不是行贿。

1. 观点一："为谋取不正当利益"是主观的构成要件要素，行为人主观上具有该目的即可，并不需要客观上有相应的行为。因此，通说认为，该"为谋取不正当利益"属于主观的构成要件要素。

2. 观点二："为谋取不正当利益"也可以是客观的构成要件要素，比如，"事后受贿"中，请托人可成立行贿罪（事后行贿），国家工作人员成立受贿罪（事后受贿）。

✎ 卢卢提醒

本考点的核心问题是"事后受贿"无论在理论上还是在司法解释的规定中均被予以承认，但对"事后行贿"是否存在，则有不同观点。

▶ 写作训练

卖淫男甲唆使某区政府财政局会计乙挪用 20 万元公款给自己买车（其实是贩卖毒品），2 个月后归还，乙考虑到对方掌握自己的"嫖娼经历"，只好挪用 20 万元给甲。2 个月后，甲如期将 20 万元归还了乙，同时另行给了乙 5 万元"压惊美容费"，乙欣然接受。

问题：**甲、乙的行为如何定性**？

[主观题标答]

（1）如果认为行贿罪中的"为谋取不正当利益"属于主观构成要件要素，则甲成立挪用公款罪（教唆犯）和贩卖毒品罪，数罪并罚；

（2）如果认为行贿罪中的"为谋取不正当利益"既属于主观构成要件要素，也属于客观构成要件要素，则甲成立挪用公款罪（教唆犯）、行贿罪、贩卖毒品罪，数罪并罚；

（3）无论怎么理解行贿罪中的"为谋取不正当利益"，乙的行为都成立受贿罪一罪。

观点展示 42　受贿罪与徇私枉法罪[1]

考情提示

年　份	题　　　型	
	客观题	主观题
2004 年	不定项选择题第 86 题 D	×
其他年份	×	

考点总结

《刑法》第 399 条第 4 款　司法工作人员收受贿赂，有前三款行为（触犯徇私枉法罪，民事、行政枉法裁判罪，执行判决、裁定失职罪，执行判决、裁定滥用职权罪）的，同时又构成本法第 385 条规定之罪（受贿罪）的，依照处罚较重的规定定罪处罚。

1. 司法工作人员因收受贿赂而实施其他犯罪行为的，本应当数罪并罚，但《刑法》第 399 条第 4 款却规定"依照处罚较重的规定定罪处罚"，故该款属于法律拟制，将原本属于数罪并罚的情形拟制为一罪。

2. 按照对《刑法》第 399 条第 4 款的文理解释，只有当司法工作人员先收受贿赂，然后犯徇私枉法等罪的，才以一罪论处。在司法工作人员犯徇私枉法等罪后，明知对方的财物是自己违法的职务行为的不正当报酬而收受该财物的，应当实行数罪并罚。

3. 司法工作人员"索取贿赂"后有徇私枉法等行为的，不宜适用上述规定。索取贿赂后犯徇私枉法等罪的，其违法性与有责性明显重于收受贿赂后犯徇私枉

---

〔1〕　参见张明楷：《刑法学》（第 6 版），法律出版社 2021 年版，第 1651 页。

法等罪的违法性与有责性，因此，对其应实行数罪并罚，具有合理性。

✐ **卢卢提醒**

　　本考点的核心问题是"受贿罪与徇私枉法罪"是否一律如刑法规定从一重罪论处，不用数罪并罚。

▣ **真题索引**

　　（2004/2/86-任-D）《刑法》第 399 条第 4 款规定，"司法工作人员收受贿赂"有徇私枉法等行为的，依照处罚较重的规定定罪处罚。但是，司法工作人员索取贿赂并有徇私枉法等行为的，则应实行数罪并罚。

　　问题：**请分析上述结论的原因。**

　　[主观题标答] 根据命题人的观点，该结论是正确的。《刑法》第 399 条第 4 款的规定属于法律拟制，对于不符合该拟制规定的，理应按照正常原理处理，即司法工作人员索取贿赂并有徇私枉法等行为的，本就应实行数罪并罚。

附　刑法主观题模拟案例 12 题

模拟案例题 1（本题 31 分）

案情：

赵某抢夺小 A 的财物后逃跑，小 A 大喊"抓贼啦"，并紧追不舍。为阻止小 A 追捕，赵某出于杀害的故意从路边商铺门口扯下高压线头向小 A 电去。小 A 见状紧急躲闪，不料击中围观群众小 B，致其当场死亡。赵某趁乱拿着财物逃走。（事实一）

赵某逃往外地后，结识老乡钱某。钱某与当地居民小 C 产生矛盾，某日，钱某正在举猎枪射杀小 C，为了确保小 C 的死亡，赵某在钱某的背后，于钱某不知情的情况下，与钱某同时开枪射击。小 C 中弹身亡，但不能查明小 C 被谁击中。（事实二）

不久，孙某受赵某之托将价值 5 万元的手表送给 10 公里外的钱某，孙某在路上让好友捆绑自己，伪造了抢劫现场，将表据为己有。报案后，孙某向警方说自己被抢，赵某闻之信以为真，无奈作罢。（事实三）

落魄潦倒的赵某竟凭着自己的一身本领从事卖淫活动。在此过程中，赵某结识了某区政府财政局女会计小 D。赵某唆使小 D 挪用 20 万元公款给自己买车（其实是贩卖毒品），2 个月后归还。小 D 考虑到对方掌握自己的"嫖娼经历"，只好挪用 20 万元给赵某。2 个月后，赵某如期将 20 万元归还给了小 D，同时另行给了小 D5 万元"压惊美容费"，小 D 欣然接受。（事实四）

问题：

1. 在事实一中，无论采取何种观点，赵某的行为均构成抢劫致人死亡，分析路径是什么？

2. 在事实二中，无论采取何种观点，赵某、钱某的行为均构成故意杀人未遂，分析路径是什么？

3. 在事实三中，有观点认为孙某仅构成侵占罪；也有观点认为孙某同时构成侵占罪与诈骗罪，择一重罪论处。你赞同哪种观点？理由是什么？

4. 在事实四中，对于赵某送小D5万元的行为，有观点认为构成行贿罪，也有观点认为不构成行贿罪。你赞同哪种观点？理由是什么？

[参考答案]

1. 赵某犯抢夺罪后，为了抗拒抓捕而实施暴力，构成事后抢劫（1分），但无论采取何种观点，赵某的行为均构成抢劫致人死亡，其理由是：

（1）赵某存在打击错误，若采法定符合说（1分），其针对小A构成抢劫罪的基本犯与故意杀人罪未遂的想象竞合（或者表述为"同时构成抢劫罪的基本犯与抢劫致人死亡未遂，想象竞合"）（1分），而针对小B构成抢劫致人死亡既遂（1分），想象竞合，认定为抢劫致人死亡既遂（1分），属于抢劫致人死亡。

（2）赵某存在打击错误，若采具体符合说（1分），其针对小A构成抢劫罪的基本犯与故意杀人罪未遂的想象竞合（或者表述为"同时构成抢劫罪的基本犯与抢劫致人死亡未遂，想象竞合"）（1分），而针对小B构成抢劫过失致人死亡（1分），想象竞合，认定为抢劫过失致人死亡（1分），也属于抢劫致人死亡。

可见，无论采取具体符合说还是法定符合说，赵某的行为均构成抢劫致人死亡（1分）。

2. 无论采取何种观点，赵某、钱某的行为均构成故意杀人未遂的理由是：

（1）若采肯定说，即使承认片面的共同正犯（1分），由于赵某对于被害人小C的死亡是否具有因果关系无法查清，根据存疑时作有利于行为人的推断，推断小C的死亡结果与赵某的行为无关（1分），赵某不构成故意杀人的片面共同正犯，直接认定为故意杀人罪未遂即可（1分）。

（2）若采否定说，即使不承认片面的共同正犯，仍要承认片面的帮助犯（1分），但由于赵某对于被害人小C的死亡是否具有因果关系无法查清，根据存疑时作有利于行为人的推断，推断小C的死亡结果与赵某的行为无关（1分），赵某亦不构成故意杀人的片面帮助犯（1分），直接认定为故意杀人罪未遂即可（1分）。

（3）由于钱某对于赵某的行为并不知情，应以单独犯罪处理（2分），根据存疑时作有利于行为人的推断，推断小C的死亡结果与钱某的行为无关，亦直接认定为故意杀人罪未遂（1分）。

3.（1）答案一：孙某仅构成侵占罪。因为孙某的行为仅侵害了被害人赵某的同一法益，即手表的所有权（2分），孙某事后的欺骗行为属于为了确保对同一侵占物手表的不法占有而实施的缺乏期待可能性的不可罚的事后行为（2分），故不另成立诈骗罪，只需认定为侵占罪一罪即可（2分）。

（2）答案二：不仅成立侵占罪，而且成立诈骗罪。因为应认为孙某的后行为侵犯了新的法益，也应认为孙某的后行为具有期待可能性（2分），对孙某的行为仅以亲告罪侵占罪论处，明显不合理（1分）。孙某后面的欺骗赵某的行为所获得的是财产性利益，即赵某的返还请求权，因而不属于不可罚的事后行为（2分），但对其应以侵占罪与诈骗罪，从一重罪论处（1分）。

4.（1）答案一：赵某构成行贿罪。若认为行贿罪中的"为谋取不正当利益"可以是客观的构成要件要素（2分），赵某虽然是在实际获得不正当利益之后（1分），给予国家工作人员小D5万元，但仍属于"为谋取不正当利益"（2分），可构成行贿罪，金额为5万元。

（2）答案二：赵某不构成行贿罪。若认为"为谋取不正当利益"仅属于主观的构成要件要素（2分），赵某在实际获得不正当利益之后（1分），给予国家工作人员小D5万元，不属于"为谋取不正当利益"（2分），不构成行贿罪。

模拟案例题 2（本题 31 分）

案情：

赵某为上厕所，将不满 1 岁的女儿放在外边靠着篱笆站立，刚进入厕所，就听到女儿的哭声，急忙出来，发现女儿倒地，疑是站在女儿身边的 4 岁男孩小 A 所为。赵某一手扶起自己的女儿，一手用力推小 A（案情查明当时无伤害、杀害故意），导致小 A 倒地，头部刚好碰在一块石头上，流出鲜血，并一动不动。赵某认为小 A 可能死了，就将其抱进一个山洞，用稻草盖好，正要出山洞，发现稻草动了一下，以为小 A 没死，于是拾起一块石头猛砸小 A 的头部，之后用一块磨盘压在小 A 的身上后离去。案发后，经法医鉴定，在赵某用石头砸小 A 之前，小 A 已经死亡。（事实一）

不久，赵某从小 B 手中购得一辆已上保险的老旧轿车，因车辆交易费过高而未在交警部门办理过户手续，也没有向保险公司申请办理变更手续（投保人、受益人仍然是小 B）。后来，赵某因经济拮据产生诈骗保险金的意图。赵某将车卖至外省后，欺骗小 B 一起向公安机关、保险公司报案，进而骗得保险金 10 万元。（事实二）

某日，赵某在经过某偏僻路口时，发现其好友钱某利用凶器抢劫到了小 C 的财物，且钱某先前的暴力行为导致小 C 流血过多，陷入昏迷状态（重伤）。赵某赶忙对钱某说："你惹麻烦了，快找个地方躲躲，走得越远越好。"赵某还将自己远房亲戚的姓名、住址提供给钱某，并给钱某 3000 元。钱某于是坐火车投奔赵某的亲戚。赵某、钱某分别离开现场，3 小时后，小 C 死亡。事后查明，如果小 C 能够及时得救，不至于死亡。（事实三）

另查明，醉酒后的赵某（血液中的酒精含量为 152mg/100ml）与钱某曾各自驾驶摩托车"飙车"经过某路段。突然发现小 D 躺在马路边上（20 分钟之前被其他车辆撞倒受伤），赵某在酒精的刺激下大脑迷糊，紧急刹车不及导致摩托车侧翻，但仍然猛烈撞击小 D，赵某自己亦受重伤。20 分钟后，交警将小 D 送上救护车时，发现其已死亡。现无法查明小 D 被赵某撞击前是否已死亡，也无法查

明小 D 被赵某撞击前所受创伤是否为致命伤。见赵某被交警扣押，钱某骑车逃离现场。（事实四）

不久，钱某自己乘坐地铁，并站在地铁门边的位置，等车门快要关的时候，看见乘客小 E 手里拿着名贵的手机，于是突然夺走手机立即下车，钱某下车后由于车门关闭，小 E 在车内无法下车。站台保安见状遂上前抓捕钱某，钱某随即从身上掏出匕首威胁道："别碰我，离我远点，小心你们的狗命！"随即逃离现场。（事实五）

问题：

1. 在事实一中，赵某"拾起一块石头猛砸小 A 的头部"的行为如何定性？是否存在不同观点？

2. 在事实二中，赵某是否构成保险诈骗罪的间接正犯？为什么？应当如何认定赵某的行为？

3. 在事实三中，赵某、钱某的行为如何定性？

4. 在事实四中，赵某、钱某的行为如何定性？假设事后查明，小 D 系被赵某直接撞死，赵某、钱某的行为如何定性？

5. 在事实五中，假设事后查明，钱某在当时环境下夺取手机时，不具有随时使用随身携带的匕首的可能性，钱某的行为如何定性？

[参考答案]

1. 赵某"拾起一块石头猛砸小 A 的头部"表明其主观上具有杀人故意（1分），但根据案情可知，彼时小 A 已经死亡，赵某其实"杀害"的是一具尸体。对于赵某是否构成故意杀人罪未遂，存在不同的观点：

（1）观点一：抽象的危险说（主观的危险说）认为，判断行为人的行为有无既遂的危险性，应当以行为人在行为当时所认识到的事实为基础，如果按照行为人的计划实施行为具有发生结果的危险性，就是未遂犯。（1分）本案中，赵某的行为显然具有既遂的危险性，但由于主观意志以外的原因未能得逞，构成故意杀人罪未遂。（1分）

（2）观点二：具体的危险说认为，判断行为人的行为有无既遂的危险性，以一般人可能认识到的事实为基础，如果在当时的环境下一般人认为具有发生既遂结果的危险性，就是未遂犯。（1分）本案中，赵某的行为一般人显然觉得具有既遂的危险性，但由于主观意志以外的原因未能得逞，构成故意杀人罪未遂。（1分）

注：观点一、观点二只需择一作答。

（3）观点三：修正的客观的危险说认为，只有当行为人客观上实施的行为具有侵害法益的紧迫危险，主观上有相应的故意时，才能认定为犯罪未遂。（1分）本案中，由于客观上小A已经是一具尸体，赵某的行为客观上根本不具有既遂的危险性，因此，不构成故意杀人罪未遂，而属于不可罚的不能犯。（1分）

2. 赵某不构成保险诈骗罪的间接正犯。（1分）保险诈骗罪属于真正的身份犯，赵某不具有保险人、被保险人、受益人的身份，因此，不构成保险诈骗罪的间接正犯。（1分）本案中，赵某利用不知情的小B骗得保险金，同时构成保险诈骗罪的教唆犯与诈骗罪。（1分）

（1）针对保险诈骗罪而言，由于赵某不具有实行保险诈骗行为的特殊身份，因此，即使赵某欺骗了小B，利用不知情的小B一起实施保险诈骗行为，赵某仍然属于保险诈骗罪的教唆犯，小B属于违法层面保险诈骗罪的实行犯（1分），由于小B不具有保险诈骗的故意，因此，只有赵某构成保险诈骗罪（1分）。

（2）针对诈骗罪而言，两人在违法层面共同去保险公司骗取保险金赔偿，均系直接实行犯（1分），但小B并无诈骗罪的故意（1分），因此，只有赵某构成诈骗罪（1分）。

综上，赵某同时构成保险诈骗罪的教唆犯与诈骗罪的实行犯，想象竞合。（1分）

3.（1）赵某明知钱某犯了抢劫罪却将自己远房亲戚的姓名、住址提供给钱某，并给钱某3000元，为其提供隐藏处所和财物，帮助其逃匿（1分），其行为符合窝藏罪的构成要件，构成窝藏罪（1分）。

（2）钱某既然取得了财物，其抢劫行为已经结束，此时赵某的事后加入已不可能成立抢劫罪。（1分）同时，钱某的抢劫行为导致小C流血过多，陷入昏迷状态，其具有救助小C的义务（1分），而赵某教唆钱某逃离现场，最终导致小C流血过多死亡，属于不作为犯的教唆犯（1分），赵某的教唆行为（作为）与钱某的不作为共同构成故意杀人罪（1分）。最终，赵某构成故意杀人罪的教唆犯，钱某同时构成抢劫致人死亡与故意杀人罪的想象竞合。（1分）

4.（1）醉酒后的赵某与钱某各自驾驶摩托车"飙车"，属于"醉酒之后驾驶机动车"和"追逐竞驶，情节恶劣"，构成危险驾驶罪的共同犯罪（1分）；同时，虽然小D被赵某撞击，但是由于小D的死亡时间无法确定，根据存疑时作有利于行为人的推断的原则，推断小D的死亡与赵某、钱某均无关（1分），因此，赵某、钱某不构成交通肇事罪（1分）。

（2）假设事后查明，小D系被赵某直接撞死，如前所述，由于赵某、钱某构成危险驾驶罪的共同犯罪，因此，即使小D系被赵某直接撞死，基于共同犯罪的原理，小

D 的死亡也与钱某具有因果关系（2分），两人均属于危险驾驶罪与交通肇事罪的想象竞合，最终以交通肇事罪论处（1分）。

5. 《刑法》中"携带凶器抢夺，以抢劫罪论处"的规定，其中"携带凶器"应具有随时可能使用或者当场能够及时使用的特点，即具有随时使用的特点。(2分) 因此，假设事后查明，钱某在当时环境下夺取手机时，不具有随时使用随身携带的匕首的可能性，那么，钱某抢夺小 E 手机的行为不能评价为"携带凶器抢夺"，仍属于普通的抢夺罪（1分），其随后为了抗拒保安抓捕而以暴力相威胁，应以《刑法》第 269 条关于事后抢劫的规定论处（1分）。

模拟案例题 3 （本题 31 分）

案情：

赵某欲杀害小 A 而对其实施暴力，小 A 基于正当防卫而对赵某实施反击。路过的小 A 好友钱某误以为小 A 对赵某实施不法侵害，出于对赵某之前的仇恨，帮助小 A 殴打教训赵某，小 A 以为钱某是见义勇为。小 A、钱某二人将赵某打成重伤，但无法查清最终谁造成的"重伤"。（事实一）

1 年后，赵某继续追杀小 A。为了稳妥起见，赵某找到密友孙某，共谋将小 A 诱骗至湖边小屋，预谋先将其掐昏，然后扔入湖中溺死。赵某、孙某到达小屋后，孙某寻机抱住小 A，赵某掐小 A 脖子。待小 A 不能挣扎后，二人均误以为小 A 已昏迷（实际上已经死亡），便准备给小 A 身上绑上石块将其扔入湖中溺死。此时，孙某突然反悔，对赵某说："算了吧，教训她一下就行了。"赵某说："好吧，我们走吧！"（事实二）

不久，小 B 全家外出数月，赵某主动帮小 B 照看房屋。某日，赵某谎称小 B 家门口的一对泰山石为自家所有，将泰山石卖给钱某（自己搬运），得款 5 万元据为己有。事后查明，钱某一开始以为该泰山石确为赵某所有，但在搬运的过程中发现并非赵某所有，但为了贪图小便宜将计就计还是将泰山石运走。（事实三）

另查明，赵某曾以勒索 50 万元财物为目的将李某女儿小 C、儿子小 D 绑架，由于小 D 一直哭闹不止，赵某将小 D 活埋于农田的渣土中，并用石头压着小 D 的身体。小 D 被埋一夜后，于次日清晨被过路人救出，但赵某并不知道小 D 被解救（小 D 当时受重伤昏迷），仍然向李某家通告勒索财物。李某见儿子小 D 平安回家，整日悉心照料，由于重男轻女，对女儿小 C 的安危完全不予理会。赵某只好带着小 C 前往李某家，以杀害小 C 相要挟，要求李某交付 50 万元，李某觉得家里"血溅当场"不吉利，无奈给了赵某 1000 元钱。赵某破口大骂："你个畜生，我服气了！"遂放开小 C 逃之夭夭。（事实四）

问题：

1. 在事实一中，小 A、钱某二人将赵某打成重伤的行为如何定性？是否存在不同观点？

2. 在事实二中，赵某、孙某致小 A 死亡的行为如何定性？是否存在不同观点？

3. 在事实三中，有观点认为赵某仅构成盗窃罪；也有观点认为赵某同时构成盗窃罪与诈骗罪未遂，择一重罪论处。你赞同哪种观点？理由是什么？

4. 在事实四中，有观点认为赵某的行为构成绑架罪与抢劫罪，数罪并罚，分析路径是什么？

[参考答案]

1. （1）小 A、钱某二人将赵某打成重伤，虽然无法查清最终系谁造成的"重伤"，但两人由于具有"共同故意"，并有共同行为，成立违法层面的共同犯罪，因此，两人对于该重伤结果均具有因果关系。（1 分）基于此，由于赵某杀害小 A 的行为属于正在进行的不法侵害，而小 A 在具有防卫意图的前提下对赵某实施反击（1 分），属于正当防卫，即使造成重伤亦在防卫限度内（1 分）。

（2）与小 A 不同的是，钱某对赵某的不法侵害不具有防卫意图（1 分），而是基于故意的心态实施法益侵害行为，只不过客观上偶然起到了正当防卫的作用，属于偶然防卫（1 分），对此存在不同的观点：

❶若认为成立正当防卫不需要防卫意图（1 分），由于偶然防卫行为所造成的结果在客观上被法律所允许，而且事实上保护了另一种法益，故钱某的行为不成立犯罪，属于正当防卫（1 分）。

❷若认为成立正当防卫至少需要防卫认识（钱某无防卫认识）（1 分），虽然钱某的行为结果保护了另一种法益，但是行为本身是值得处罚的，因此对其应以故意伤害罪未遂论处（1 分）。

❸若认为成立正当防卫既需要防卫认识（钱某无防卫认识），亦需要防卫意志（钱某无防卫意志）（1 分），同时钱某实施了故意伤害的行为，因此对其应以故意伤害（致人重伤）罪论处（1 分）。

2. 赵某、孙某对小 A 属于构成要件的提前实现（1 分）：

（1）观点一：虽然构成要件结果提前发生，但掐脖子本身有致人死亡的紧迫危险（1 分），既然能够认定掐脖子时就已经实行杀人行为，同时故意存在于着手实行时即可（1 分），赵某、孙某应对小 A 的死亡承担故意杀人既遂的刑事责任（1 分）。

（2）观点二：赵某、孙某掐小 A 的脖子时只是想致小 A 昏迷，没有认识到（即明知）掐脖子的行为会导致小 A 死亡，亦即缺乏既遂的故意（1 分），因而两人不能对故意杀人罪既遂负责（1分），只能认定两人的行为是故意杀人罪未遂与过失致人死亡罪的想象竞合（1分）。

3.（1）答案一：赵某仅构成盗窃罪。赵某本欲利用不知情的钱某实施盗窃，但是客观上只是起到教唆的作用（1分），因此，主客观相统一，赵某、钱某两人构成盗窃罪的共同犯罪，钱某系实行犯，赵某系教唆犯（1分）。与此同时，针对作为被骗人的钱某，如认为赃物适用善意取得，则其无财产损失的危险（1分），赵某不构成诈骗罪，最终，赵某仅构成盗窃罪一罪（1分）。

（2）答案二：赵某同时构成盗窃罪与诈骗罪未遂，择一重罪论处。赵某本欲利用不知情的钱某实施盗窃，但是客观上只是起到教唆的作用（1分），因此，主客观相统一，赵某、钱某两人构成盗窃罪的共同犯罪，钱某系实行犯，赵某系教唆犯（1分）。与此同时，针对作为被骗人的钱某，如认为赃物不适用善意取得，则其具有财产损失的危险（1分），则赵某同时构成盗窃罪与诈骗罪未遂，想象竞合，择一重罪论处（1分）。

4.（1）赵某基于勒索李某财物的目的，以小C、小D为人质，控制两人后，欲杀害小D，但是小D并未死亡而是受了重伤，赵某仍构成绑架罪一罪（2分），同时对其适用"故意伤害被绑架人，致人重伤、死亡的，处无期徒刑或者死刑，并处没收财产"的法定刑（2分）。

（2）绑架他人后勒索了数额较大财物的，虽然另符合敲诈勒索罪的犯罪构成，但通常可以评价为牵连犯，从一重罪，以绑架罪定罪处罚，不必实行数罪并罚。（1分）但是，如果绑架后对第三者的行为超出勒索的程度而另构成抢劫罪，则宜实行数罪并罚（2分）。本案中，赵某"带着小C深夜前往李某家，以立即杀害小C相要挟，要求李某交付财物50万元"已经超出了敲诈勒索的程度，其理应构成抢劫罪（1分），并与前面的绑架罪实行数罪并罚（1分）。

模拟案例题 4（本题 31 分）

案情：

赵某于深夜从窗户爬入钱某家后，先到厨房拿了一把菜刀，搁在厨房门口，然后在客厅物色财物。钱某被吵醒后，迷迷糊糊喊："谁呀？"赵某迅速在茶几上拿走价值 900 余元的手机后逃走。事后查明，赵某并没有打算使用菜刀抢劫，只是害怕被钱某发现，逃跑时可以抵挡一下，钱某事后通过摄像头发现窃贼系赵某后，一直寻机教训赵某。（事实一）

某天午后，钱某终于在一条小巷子里碰到赵某，遂拿砖块欲杀害赵某，赵某则手持木棍抵挡，并击打钱某。此时，正好路过此地的钱某好友孙某，欲上前阻止两人的互相砍杀。但赵某以为孙某与钱某是同伙，是来帮助钱某报复自己的，遂使用大力反击两人，导致两人均被打中倒地无法动弹。赵某见状，遂找来好友李某商量对策，李某提议道："反正人已死亡，不如把人埋了，这样神不知鬼不觉。"于是，两人合力将钱某、孙某埋于农田的渣土当中。事后经法医鉴定，钱某系掩埋之前因遭受外力击打导致脑出血死亡，而孙某系因掩埋而窒息死亡。（事实二）

经此一事，赵某、李某关系更加亲密，两人在某商场购物时，偷偷地从一箱方便面取出几袋方便面，并将一个贵重照相机放在方便面箱子里，然后拿着方便面箱子付款，店员没有发现方便面箱子里的照相机，只收取了一箱方便面的货款。后商场的管理人员发现两人行踪诡秘，遂将李某抓获，赵某拿着财物逃跑。（事实三）

公安机关在逮捕后讯问李某时，其主动交代称：

1. 李某曾经在公园晨跑时，看到有一妙龄女子，欲上前实施奸淫，正在拉扯中，该女子对李某说："我给你 10 000 元，你去找个漂亮的小姐吧。"说完，就将自己的钱包扔给了李某。李某一看，钱包里很多钱，遂放弃奸淫，拿走钱包离开并花光，且事后拒不返还。（事实四）

2. 赵某与王某有夺妻之恨，某日赵某邀请李某去找王某理论。见面后赵某、王某发生口角，赵某、李某遂殴打王某致其晕倒（仅受轻微伤），赵某见状对李某说道："这家伙真该死，你把他兜里的手机拿走吧，算作给你的感谢！"李某随手将王某衣兜里的旧手机拿走（价值800余元）。（事实五）

问题：

1. 在事实一中，赵某的行为如何定性？

2. 在事实二中，各行为人的行为如何定性？

3. 在事实三中，有观点认为赵某、李某针对贵重照相机的行为构成诈骗罪，也有观点认为两人的行为构成盗窃罪，各自的分析路径是什么？

4. 在事实四中，李某的行为如何定性？

5. 在事实五中，有观点认为赵某、李某的行为无罪，也有观点认为两人的行为构成抢劫罪，各自的分析路径是什么？

[参考答案]

1. 事实一：赵某属于"入户盗窃""携带凶器盗窃"，且属于盗窃既遂。（1分）根据《刑法》第264条的规定，"入户盗窃""携带凶器盗窃"均不需要以"数额较大"为既遂标准（1分），同时，"携带凶器盗窃"可以包括在盗窃的犯罪现场准备凶器并具有使用的意图（1分）。本案中，赵某非法进入被害人家中，在犯罪现场准备凶器进行盗窃，并获得价值900余元的手机，同时属于"入户盗窃""携带凶器盗窃"。（1分）

2. 事实二

（1）赵某虽然是盗窃钱某的犯罪分子，但是盗窃的被害人钱某在事后杀害赵某的行为仍属于不法侵害。（1分）赵某的正当防卫行为导致钱某因遭受外力击打脑出血死亡，而非掩埋行为致死，此时，从防卫的行为本身和造成的结果来看，造成钱某死亡具有防卫的必要性和相当性（1分），因此，赵某针对钱某的死亡属于正当防卫而非防卫过当（1分）。

（2）钱某的好友孙某欲上前阻止赵某、钱某的互相砍杀，其目的具有正当性，不属于不法侵害（1分），但是赵某误以为孙某的行为属于不法侵害，进而实施反击，属于假想防卫（1分）。

（3）赵某的假想防卫导致孙某倒地，会使其产生救助孙某的义务，但赵某并未救助（1分），同时其与李某在均误以为孙某已经死亡的情况下（1分），合力将孙某埋于农田的渣土当中，导致孙某因掩埋而窒息死亡，两人均构成过失致人死亡罪（1分）。

3. 事实三

（1）认为赵某、李某构成诈骗罪的理由是：若认为构成诈骗罪仅需要被骗人客观上具有处分财物的行为即可，无需主观上具有处分财物的意识（2分），那么，本案中，店员客观上基于受骗具有处分相机的行为，虽然主观上不具有处分照相机的意识，但不影响诈骗罪的构成（1分）。

（2）认为赵某、李某构成盗窃罪的理由是：若认为构成诈骗罪不仅需要被骗人客观上具有处分财物的行为，而且需要主观上具有处分财物的意识（2分），那么，本案中，店员虽然基于受骗客观上具有处分相机的行为，但主观上不具有处分照相机的意识，因此不构成诈骗罪。此时两人的行为属于以平和的手段改变商场对于财物的占有关系，构成盗窃罪（1分）。

4. 事实四

（1）李某构成强奸罪中止与侵占罪既遂，数罪并罚。（1分）本案中，李某本欲强奸，但是出于"10 000元的获得"自动放弃强奸行为，应认定为强奸罪中止。事后其如果不返还10 000元，则属于侵占遗忘物，构成侵占罪（1分）。

（2）公安机关在逮捕后讯问李某时，其主动交代前述自己的强奸行为，属于"被采取强制措施的犯罪嫌疑人……如实供述司法机关还未掌握的本人其他罪行"（1分），针对强奸罪、侵占罪属于特别自首，可以从轻或者减轻处罚。其中，犯罪较轻的，可以免除处罚（1分）。

5. 事实五

（1）认为赵某、李某的行为无罪的理由是：如果认为行为人利用先前暴力、胁迫行为产生的不能抗拒的状态取得财物，需要新的暴力、胁迫行为方可成立抢劫罪（2分），那么，本案中，赵某、李某将王某打晕之后，临时起意产生非法占有财物的目的，由于并未有新的暴力、胁迫行为，故赵某、李某不构成抢劫罪（1分）。同时，根据相关司法解释的规定，行为人实施伤害、强奸等犯罪行为，在被害人失去知觉或者没有发觉的情形下，临时起意拿走他人财物的，应以此前所实施的具体犯罪与盗窃罪实行数罪并罚。（1分）但由于本案中王某仅受轻微伤，同时王某的手机价值仅有800余元，未达到盗窃罪"数额较大"的入罪标准（1分），最终，两人无罪。

（2）认为赵某、李某的行为构成抢劫罪的理由是：如果认为行为人利用先前暴力、胁迫行为产生的不能抗拒的状态取得财物，不需要新的暴力、胁迫行为就可成立抢劫罪（2分），那么，本案中，赵某、李某将王某打晕之后，临时起意产生非法占有财物的目的，即使并未有新的暴力、胁迫行为（1分），两人仍可构成抢劫罪，犯罪金额为 800 余元（1分）。

[补充知识]

量刑制度[1]与追诉时效

《刑法》

第65条 [一般累犯] 被判处有期徒刑以上刑罚的犯罪分子，刑罚执行完毕或者赦免以后，在 5 年以内再犯应当判处有期徒刑以上刑罚之罪的，是累犯，应当从重处罚，但是过失犯罪和不满 18 周岁的人犯罪的除外。

前款规定的期限，对于被假释的犯罪分子，从假释期满之日起计算。

第66条 [特别累犯] 危害国家安全犯罪、恐怖活动犯罪、黑社会性质的组织犯罪的犯罪分子，在刑罚执行完毕或者赦免以后，在任何时候再犯上述任一类罪的，都以累犯论处。

第67条 [一般自首] 犯罪以后自动投案，如实供述自己的罪行的，是自首。对于自首的犯罪分子，可以从轻或者减轻处罚。其中，犯罪较轻的，可以免除处罚。

[特别自首] 被采取强制措施的犯罪嫌疑人、被告人和正在服刑的罪犯，如实供述司法机关还未掌握的本人其他罪行的，以自首论。

[坦白] 犯罪嫌疑人虽不具有前两款规定的自首情节，但是如实供述自己罪行的，可以从轻处罚；因其如实供述自己罪行，避免特别严重后果发生的，可以减轻处罚。

第68条 [立功] 犯罪分子有揭发他人犯罪行为，查证属实的，或者提供重要线索，从而得以侦破其他案件等立功表现的，可以从轻或者减轻处罚；有重大立功表现的，可以减轻或者免除处罚。

第87条 [追诉时效期限] 犯罪经过下列期限不再追诉：

（一）法定最高刑为不满 5 年有期徒刑的，经过 5 年。

（二）法定最高刑为 5 年以上不满 10 年有期徒刑的，经过 10 年。

（三）法定最高刑为 10 年以上有期徒刑的，经过 15 年。

（四）法定最高刑为无期徒刑、死刑的，经过 20 年。如果 20 年以后认为必须追诉的，须报请最高人民检察院核准。

第88条 [追诉期限的延长] 在人民检察院、公安机关、国家安全机关立案侦

---

[1] 2023 年刑法主观题考查了此考点。

查或者在人民法院受理案件以后，逃避侦查或者审判的，不受追诉期限的限制。

被害人在追诉期限内提出控告，人民法院、人民检察院、公安机关应当立案而不予立案的，不受追诉期限的限制。

第89条［追诉期限的计算与中断］ 追诉期限从犯罪之日起计算；犯罪行为有连续或者继续状态的，从犯罪行为终了之日起计算。

在追诉期限以内又犯罪的，前罪追诉的期限从犯后罪之日起计算。

1. 自首

（1）司法解释规定，一般自首中，自动投案，是指犯罪事实或者犯罪嫌疑人未被司法机关发觉，或者虽被发觉，但犯罪嫌疑人尚未受到讯问、未被采取强制措施时，主动、直接向公安机关、人民检察院或者人民法院投案。经查实确已准备去投案，或者正在投案途中，被公安机关捕获的，应当视为自动投案。并非出于犯罪嫌疑人主动，而是经亲友规劝、陪同投案的；公安机关通知犯罪嫌疑人的亲友，或者亲友主动报案后，将犯罪嫌疑人送去投案的，也应当视为自动投案。犯罪嫌疑人自动投案后又逃跑的，不能认定为自首。

（2）司法解释规定，犯罪嫌疑人、被告人在被采取强制措施期间如实供述本人其他罪行，该罪行与司法机关已掌握的罪行属同种罪行还是不同种罪行，一般应以罪名区分。虽然如实供述的其他罪行的罪名与司法机关已掌握犯罪的罪名不同，但如实供述的其他犯罪与司法机关已掌握的犯罪属选择性罪名或者在法律、事实上密切关联，如因受贿被采取强制措施后，又交代因受贿为他人谋取利益的行为，构成滥用职权罪的，应认定为同种罪行。被采取强制措施的犯罪嫌疑人、被告人和已宣判的罪犯，如实供述司法机关尚未掌握的罪行，与司法机关已掌握的或者判决确定的罪行属同种罪行的，可以酌情从轻处罚；如实供述的同种罪行较重的，一般应当从轻处罚。

命题人认为前述司法解释缩小了"本人其他罪行"的范围，甚至导致部分主动交待不同种罪行的，也不成立特别自首。正确的处理方式如下[1]：

❶被关押的正在服刑的罪犯，如实供述司法机关还未掌握的同种罪行或者非同种罪行的，以特别自首论。未被关押而正在服管制刑的罪犯，只能就未被发现的犯罪成立一般自首。

---

[1] 参见张明楷：《刑法学》（第6版），法律出版社2021年版，第738页。

❷被采取强制措施的犯罪嫌疑人、被告人，如实供述司法机关还未掌握的非同种罪行的，对该非同种罪行，以特别自首论。

❸被采取强制措施的犯罪嫌疑人、被告人，如实供述司法机关还未掌握的同种罪行中的主要罪行或者更重要罪行的，应对全案以特别自首论。

❹被采取强制措施的犯罪嫌疑人、被告人，如实供述司法机关还未掌握的同种罪行，而所供述的同种罪行需要并罚的，对所供述的犯罪应认定为特别自首。例如，司法机关发现一起抢劫事实并逮捕了犯罪嫌疑人，犯罪嫌疑人在被捕后如实供述了其10年前所实施的另一起抢劫事实；如果对这两起抢劫罪应实行并罚，那么，对犯罪嫌疑人如实供述的抢劫罪应认定为特别自首。

❺行为人因甲罪被采取强制措施，但主动交待与甲罪有关联的乙罪的，不管甲罪成立与否，对乙罪均应认定为特别自首。

❻被采取强制措施的犯罪事实因为证据不充分等原因而不成立，行为人在此范围外交待性质相同的犯罪事实的，成立特别自首。例如，国家工作人员甲因收受乙的贿赂而被留置，但查无实据，在此期间，甲主动交待办案机关并未掌握的收受丙的贿赂的犯罪事实的，成立特别自首。

2. 立功

（1）所谓"一般立功"，根据司法解释的规定，是指：

❶犯罪分子到案后有检举、揭发他人犯罪行为，包括共同犯罪案件中的犯罪分子揭发同案犯共同犯罪以外的其他犯罪，经查证属实；

❷提供侦破其他案件的重要线索，经查证属实；

❸阻止他人犯罪活动；

❹协助司法机关抓捕其他犯罪嫌疑人（包括同案犯）；

❺具有其他有利于国家和社会的突出表现的行为。

（2）所谓"重大立功"，根据司法解释的规定，是指：

❶犯罪分子有检举、揭发他人重大犯罪行为，经查证属实；

❷提供侦破其他重大案件的重要线索，经查证属实；

❸阻止他人重大犯罪活动；

❹协助司法机关抓捕其他重大犯罪嫌疑人（包括同案犯）；

❺对国家和社会有其他重大贡献等表现的，应当认定为有重大立功表现。

前述所称"重大犯罪""重大案件""重大犯罪嫌疑人"的标准，一般是指犯罪嫌疑人、被告人可能被判处无期徒刑以上刑罚或者案件在本省、自治区、直辖市或者全国范围内有较大影响等情形。

（3）根据司法解释的规定，犯罪分子具有下列行为之一，使司法机关抓获其他犯罪嫌疑人的，属于立功中的"协助司法机关抓捕其他犯罪嫌疑人"：

❶按照司法机关的安排，以打电话、发信息等方式将其他犯罪嫌疑人（包括同案犯）约至指定地点的；

❷按照司法机关的安排，当场指认、辨认其他犯罪嫌疑人（包括同案犯）的；

❸带领侦查人员抓获其他犯罪嫌疑人（包括同案犯）的；

❹提供司法机关尚未掌握的其他案件犯罪嫌疑人的联络方式、藏匿地址的，等等。

犯罪分子提供同案犯姓名、住址、体貌特征等基本情况，或者提供犯罪前、犯罪中掌握、使用的同案犯联络方式、藏匿地址，司法机关据此抓捕同案犯的，不能认定为协助司法机关抓捕同案犯。

模拟案例题 5（本题 30 分）

案情：

赵某发现同村村民小 A "财大气粗"，出入乘坐豪车，遂在小 A 某次回村后，夜里与"发小"钱某一起手持刀具撬开了小 A 停在庭院内的车门，取走了小 A 落在后座上的钱包（钱包里有 300 元现金、一张储蓄卡、一张身份证）。得手后，在逃离过程中，两人看到正在巡逻的民警小 B 相向走来，误认为小 B 已经发现他们的罪行，两人靠近小 B 时将小 B 打成轻微伤。第二天，两人用身份证试出小 A 储蓄卡的密码，在 ATM 取款机上取出现金 6 万元，在商场刷卡消费 3 万元。事后，两人分别逃往外地打工避风头。（事实一）

某日，赵某在驾驶自己的二手五菱荣光时，闯红灯将行人小 C 撞成重伤流血不止。赵某赶忙下车查看情况，内心非常紧张，遂赶紧打电话向钱某询问如何处理。钱某得知情况后也拿不定主意，但让赵某稍等，自己先向学习法律的亲戚咨询后回复。赵某在小 C 身边来回踱步，等钱某的消息，但几个小时后钱某仍无回复（钱某因醉酒当日昏睡过去），赵某遂拨打 120 电话并报警。等救护人员赶来时，小 C 已经死亡。事后查明，赵某若及时打电话送小 C 去医院救治，小 C 就不至于死亡。（事实二）

钱某得知赵某被抓，一直想法"营救"。其通过朋友介绍认识了具体办理赵某案件的派出所副所长孙某。孙某见有利可图，遂主动对钱某谎称："赵某这个事要是摆平不追究刑事责任的话，至少需要 8 万块钱。"钱某信以为真，遂当场交给孙某 8 万元，并委托其一定要"多多关照"。此后，孙某以各种理由推脱难办，并躲避见面，钱某方知自己上当受骗。（事实三）

钱某发现自己被孙某欺骗后，向公安机关写了一封举报信，揭发孙某在吃饭时告知自己的一事：孙某的工作单位地点在上海，但定居在南京，每周要回去一次，经常间歇性回家时只买上海虹桥站至昆山站的车票，然后在南京南站趁着人多之际，拿着自己的工作证和车票，在检票人员面前"晃一下"然后从人工出口出站，几年下来，共逃票 5000 余元。（事实四）

问题：

1. 在事实一中，根据刑法和司法解释的规定，赵某、钱某的行为如何定性？是否存在不同观点？理由是什么？

2. 在事实二中，根据司法解释的规定，赵某的行为是否属于"逃逸致人死亡"？赵某的行为该如何认定？

3. 在事实三中，钱某、孙某的行为如何定性？

4. 在事实四中，孙某的行为如何定性？

[参考答案]

1. 事实一：赵某、钱某进入被害人小 A 家中盗窃财物，属于入户盗窃，后遇到民警小 B，出于抗拒抓捕的主观目的而实施暴力致小 B 轻微伤（1分），对于两人的行为是否构成事后抢劫，存在如下观点：

（1）观点一：如果认为赵某、钱某犯盗窃罪之后，只要出于抗拒抓捕的目的而当场针对小 B 实施暴力，即使小 B 并没有实施任何妨碍赵某、钱某的行为，也要认定成立事后抢劫（2分），那么，两人的行为属于事后抢劫，构成抢劫罪（1分），同时触犯袭警罪，想象竞合，最终以抢劫罪论处（1分）。两人事后在 ATM 取款和在商场刷卡消费的行为，根据司法解释的规定，仍构成抢劫罪。（1分）

（2）观点二：如果认为赵某、钱某犯盗窃罪之后，出于抗拒抓捕的目的而当场针对小 B 实施暴力，由于小 B 并没有实施任何妨碍赵某、钱某的行为，其主观目的与客观事实缺乏客观的关联性，因此不应认定为事后抢劫。（2分）那么，两人的行为构成盗窃罪与袭警罪，数罪并罚。（1分）至于两人事后在 ATM 取款和在商场刷卡消费的行为，根据《刑法》第 196 条第 3 款的规定，盗窃信用卡并使用的，构成盗窃罪。（2分）

2. 事实二

（1）根据司法解释的规定，"因逃逸致人死亡"，是指行为人在交通肇事后为逃避法律追究而逃跑，致使被害人因得不到救助而死亡的情形。（1分）而本案中，赵某并未实施司法解释规定的"逃逸"行为（1分），因此，其行为不属于"逃逸致人死亡"（1分），针对小 C 的死亡，最终构成交通肇事罪的基本刑（1分）。

（2）从不作为的角度，赵某将小 C 撞伤之后，有义务救助但却未履行救助义务导致小 C 死亡（1分），可以评价为不作为的故意杀人罪（1分），与前述交通肇事罪，想象竞合（1分）。

3. 事实三

（1）作为国家工作人员的孙某（1分），虚假承诺为钱某谋取不正当利益（1分），导致钱某受骗并基于错误认识处分财物8万元，同时属于"利用职务上的便利索取他人财物"和"诈骗他人财物"（1分），构成受贿罪和诈骗罪，想象竞合（1分）。此外，对孙某的索贿行为，根据《刑法》第386条的规定，应从重处罚。（1分）

（2）根据《刑法》第389条第3款的规定，因被勒索给予国家工作人员以财物，没有获得不正当利益的，不是行贿。（1分）其中的"勒索"应作扩大解释，包含普通的"索取"。（1分）因此，本案中，钱某的行为无罪。（1分）

4. 事实四：孙某的行为构成诈骗罪。（1分）孙某以非法占有为目的，欺骗检票口的工作人员出站，属于欺骗行为。（1分）这种欺骗行为使得铁路部门工作人员产生了认识错误，从而免除了其相应对价即车票费用（2分），符合诈骗罪的构成要件。

模拟案例题 6（本题 30 分）

案情：

某天晚上 9 点钟，赵某拿着事先准备好的铁锤，戴着手套和口罩，尾随在被害妇女小 A 身后，跟到其家门口，准备趁小 A 开门之后进屋用铁锤把小 A 打昏，实施强奸（其事先在网上查询到打击何部位会致昏迷）。小 A 开门进入屋内后发现了尾随而入的赵某，赵某便用铁锤袭击小 A 的头部（受轻微伤），不料铁锤打到墙上导致手柄折断。小 A 很害怕，乞求赵某不要打自己，赵某此时也心生畏惧，逃离现场。（事实一）

后来，赵某请好友钱某为自己盗窃小 B 家的财物望风，但仅要求钱某在看到主人小 B 回家时就电话告诉他，他好及时撤离。彼时赵某在户内盗窃时，钱某看到小 B 回家，遂上前搭话欲拖延其回家的时间，但小 B 猛然感觉"此事必有蹊跷"，遂欲急匆匆回家。钱某见状使用暴力阻拦，将小 B 打晕（受重伤），并将其拉到角落藏起来，最终赵某盗窃成功，两人逃离现场后钱某才将事情经过告知赵某。（事实二）

不久，赵某、钱某两人又预谋绑架，并准备了木棍、手套、胶带等工具。某天晚上，两人将被害人小 C 绑架后拖到车上捆绑控制，并将车开到事先选定的一个鱼塘旁，强迫小 C 说出妻子的联系电话。要到电话之后，小 C 仍一直在反抗、挣扎、辱骂，两人就用胶带封住小 C 的嘴，然后在附近抽烟谋划如何向小 C 妻子要钱，结果 1 个小时后不慎导致小 C 窒息死亡，两人见状就把小 C 埋了，同时放弃勒索财物逃离现场。（事实三）

一日，赵某去某商场李某开的手机店购买手机。赵某看了一会后，李某说："现在有刚到的 iPhone14，价格 8000 元，要不要买？"赵某说："8000 元太贵了，算了吧。"其实两人谈话之际，赵某趁机顺走了一部新的 iPhone14，随后藏在商场卫生间的某个地方，准备第二天来取。后来李某发现少了一部手机，就感觉是赵某偷的，遂赶紧追上赵某。赵某眼见自己的行为被发现，就主动提出来以 2 倍的价格把手机买走，让李某不要报警。李某不同意，要求赵某给 3 万元，并说：

"只要我报警，你怎么也得在监狱里坐三五年牢。"赵某讨价还价，但越是还价李某要的价格越高，后来李某要求赵某给6万元。赵某付给李某6万元后，越想越憋屈，1周之后报警，警察抓了李某。（**事实四**）

李某在被拘留后的讯问期间，主动交代了自己的另外一事：李某曾到出售香烟的商店里跟店主小D说："我要买中华牌香烟送人，但是我要跟你达成一个协议，如果我送不出去就退货。如果退货的话，我再给你点手续费。"店主小D同意了。李某把香烟买回去之后，在车上就把真烟掏出来，然后把假烟塞进去，最后又封好，店主小D看不出李某调换了香烟，为其办理了退货，涉案金额6000多元。（**事实五**）

问题：

1. 在事实一中，赵某的行为如何定性？

2. 在事实二中，赵某、钱某的行为如何定性？是否存在不同观点？

3. 在事实三中，有观点认为赵某、钱某的行为构成绑架罪与过失致人死亡罪，想象竞合；也有观点认为赵某、钱某的行为构成故意杀人罪。各自的理由是什么？

4. 在事实四中，赵某、李某的行为如何定性？

5. 在事实五中，李某的行为如何定性？

[参考答案]

1. 事实一：赵某构成强奸罪中止（1分），且属于造成损害，因此应当减轻处罚（1分）。本案中，赵某基于强奸的故意对妇女小A实施暴力，虽然被害人小A并未按照计划被成功压制反抗，赵某自己也心生恐惧，但是综合彼时现场环境，仍可认为赵某属于自动放弃可重复加害的行为（1分），构成强奸罪中止。同时，赵某非法侵入小A住宅，触犯非法侵入住宅罪，但综合评价为强奸中止中的"造成损害"，减轻处罚（1分）。

2. 事实二：赵某、钱某共谋盗窃他人财物，针对钱某的过限行为定性，存在不同观点：

（1）观点一：如果承认片面的共同实行犯（1分），钱某构成抢劫致人重伤，属于片面的共同实行犯（2分）。赵某对钱某的行为不知情，因此仅构成盗窃罪既遂，系实行犯。（1分）

（2）观点二：如果不承认片面的共同实行犯（1分），钱某构成故意伤害致人重伤，同时构成盗窃罪的帮助犯，想象竞合，择一重罪论处（2分）。赵某对钱某的行

为不知情，因此仅构成盗窃罪既遂，系实行犯。（1分）

3. 事实三

（1）认为赵某、钱某的行为构成绑架罪与过失致人死亡罪，想象竞合的理由是：首先，赵某、钱某基于绑架的故意，成功控制了被害人小C，因此，两人构成绑架罪既遂。（1分）其次，赵某、钱某在绑架的过程中，使用了绑架行为之外的暴力，即"用胶带封住小C的嘴"，过失导致小C死亡，构成过失致人死亡罪。（2分）最后，赵某、钱某的过失致人死亡行为发生在两人的绑架行为持续过程中，因此，最终应以绑架罪与过失致人死亡罪，想象竞合论处。（1分）

（2）认为赵某、钱某的行为构成故意杀人罪的理由是：如前所述，赵某、钱某使用了绑架行为之外的暴力，即"用胶带封住小C的嘴"，过失导致小C死亡。如果对其仅认定为绑架罪与过失致人死亡罪的想象竞合，无法做到罪刑相适应。（1分）绑架罪与非法拘禁罪属于法条竞合关系（1分），两人的行为完全可以评价为在非法拘禁的过程中实施了非法拘禁之外的暴力，过失导致小C死亡（1分），因此根据《刑法》第238条第2款中"犯非法拘禁罪，使用暴力致人伤残、死亡的，依照故意伤害罪、故意杀人罪的规定定罪处罚"的规定，认定为故意杀人罪（1分）。

4. 事实四

（1）赵某以非法占有为目的，趁李某不注意窃取李某占有的一部价值8000元的iPhone14，属于以平和的手段改变占有，构成盗窃罪（1分），虽然其只是先放在卫生间的某处，但其已经取得了对该手机的控制，因此，构成盗窃罪既遂（1分）。

（2）虽然作为被害人的李某有权利向盗窃罪的行为人赵某主张返还手机，但其主张的金额已经远远超出一部手机的确定价值，并以揭发赵某的犯罪行为相要挟，不能认为属于行使权利的行为（2分），而属于敲诈勒索行为，应以敲诈勒索罪定罪处罚（1分）。

5. 事实五

（1）李某把香烟从被害人小D处买回之后，该香烟的所有权已经归李某所有（1分），但事后其以退货为名，隐瞒真相、虚构事实，让小D陷入错误认识，处分财物，因此构成诈骗罪（2分）。

（2）李某在被讯问期间主动交代自己的诈骗行为，符合"被采取强制措施的犯罪嫌疑人如实供述司法机关还未掌握的本人其他罪行的，以自首论"（1分），成立特别自首，可以从轻或者减轻处罚（1分）。

模拟案例题 7 （本题 30 分）

案情：

赵某与钱某常因为打棒球产生矛盾。某日，两人又争吵起来，恼怒的赵某将小 A 放在椅子上的奢侈品手机砸向钱某头部（具有重伤的故意），钱某旋即用棒球棍挡开手机反砸向赵某，赵某躲闪，不料击中路人小 B，导致小 B 眼睛受重伤，小 A 的手机亦毁坏。赵某见状逃往外地。（事实一）

不久，赵某的好友孙某反复唆使赵某："钱某家有很多受贿来的年份茅台，不如晚上去弄些回来喝喝，也算是教训他一下，我还可以帮你望风。"赵某听罢，觉得是个好机会，假意与孙某商议去钱某家"偷茅台"，其实内藏杀钱某之心。某晚赵某进入钱某家将钱某杀害，孙某为其望风，赵某慌慌张张出来后骗孙某说："找了一圈都没有，赶紧跑吧，下次找机会再弄!"孙某信以为真，与赵某一起悻然离去。（事实二）

另查明，钱某是 C 公司（国有房地产公司）领导，因私人事务欠孙某 600 万元。孙某让钱某还钱，钱某提议以 C 公司在售的商品房偿还债务，孙某同意。钱某遂将公司一套价值 600 万元的商品房过户给孙某，并在公司财务账目上记下自己欠公司 600 万元。3 个月后，钱某将账作平，至案发时亦未归还欠款。（事实三）

东窗事发后，钱某主动交代自己的"受骗事实"：钱某为了把涉嫌"非法经营罪"的表弟"捞出来"，找到法官李某帮忙，法官李某随即利用工作关系找具体办案法官周某打听案件情况，周某说案件要作无罪宣告。李某得知情况后，就跟钱某说自己可以帮忙，但是要 20 万元去"打点"，钱某便给李某 20 万元。（事实四）

问题：

1. 在事实一中，赵某、钱某的行为如何定性？是否存在不同观点？请说明理由。

2. 在事实二中，赵某、孙某的行为如何定性？是否存在不同观点？

3. 在事实三中，钱某将公司价值 600 万元的商品房过户给孙某构成挪用公款罪还是贪污罪？钱某"将账作平，至案发时亦未归还欠款"的行为如何定性？

4. 在事实四中，钱某、李某的行为构成何罪？

[参考答案]

1. 事实一

（1）根据因果关系的原理，钱某用棒球棍挡开手机的行为属于正常的介入因素，因此，可以将小 A 手机毁损的结果归因于赵某的行为，赵某的行为构成故意毁坏财物罪。（1分）

（2）赵某欲重伤害钱某，但是存在打击错误（1分），根据法定符合说（1分），赵某针对钱某构成故意伤害罪未遂，针对小 B 构成故意伤害（致人重伤）罪既遂，想象竞合，以故意伤害（致人重伤）罪论处（1分），与前述故意毁坏财物罪想象竞合；根据具体符合说（1分），赵某针对钱某构成故意伤害罪未遂，针对小 B 构成过失致人重伤罪，想象竞合（1分），再与前述故意毁坏财物罪想象竞合。

（3）钱某用棒球棍挡开手机，导致手机毁损，即使未击中赵某，但对赵某仍可成立正当防卫。（1分）但是，钱某的行为导致小 B 受重伤，小 B 属于与防卫无关的第三者，根据不同观点可以评价为：

❶观点一：钱某的行为成立假想防卫。（1分）因为小 B 没有实施不法侵害，但钱某的防卫行为导致了小 B 的重伤结果，所以应视为一种假想防卫，阻却故意责任。（1分）

❷观点二：钱某导致小 B 重伤的行为成立正当防卫。（1分）因为钱某的行为的正当性并不因为导致第三者小 B 的重伤而丧失。（1分）

❸观点三：钱某导致小 B 重伤的行为缺乏期待可能性。（1分）因为在钱某可能遭受重伤的紧急危险时，不能期待钱某不侵害他人的权利，故即使认为钱某的行为具有违法性，也因缺乏期待可能性而阻却责任。（1分）

[上述三种观点只需写两种即可得满分，三种均写的，也不多得分]

2. 事实二

（1）赵某欺骗孙某去钱某家盗窃，但事实上却实施了杀人行为，因此其构成故意杀人罪的直接正犯。（1分）同时，与自身的非法侵入住宅罪系牵连犯关系，以故意杀人罪既遂论处。而孙某仅具有盗窃的故意，对于赵某的故意杀人行为不承担责任。（1分）

（2）孙某主观上具有教唆赵某盗窃的故意，但是赵某并无实施盗窃的实行行为（1分），对于孙某的行为，存在不同观点：

❶根据教唆从属说，孙某的行为不可罚。（1分）

❷根据教唆独立说（1分），孙某的行为属于盗窃罪的教唆未遂，适用《刑法》第29条第2款的规定：如果被教唆的人没有犯被教唆的罪，对于教唆犯，可以从轻或者减轻处罚（1分）。

（3）孙某明知道赵某非法侵入钱某的住宅而为其实施望风行为，可单独评价为非法侵入住宅罪既遂的教唆犯（1分），赵某属于非法侵入住宅罪的实行犯，两人系共同犯罪（1分）。

3. 事实三

（1）作为国家工作人员的钱某虽将公司商品房过户给孙某，但其在公司财务账目上清楚记载自己应向公司支付600万元购房款，即钱某主观上没有非法占有的目的（1分），不能认为其贪污公司房产，其不构成贪污罪。此外，挪用公款罪不包括挪用非特定公物（房产）归个人使用的行为，据此，钱某以公司在售的商品房偿还债务的行为不构成挪用公款罪。（1分）

（2）作为国家工作人员的钱某通过平账行为将公司对自己享有的600万元债权即应收账款据为己有，说明其具有非法占有目的（1分），构成贪污罪。

4. 事实四：

（1）根据《刑法》第389条第3款的规定，因被勒索给予国家工作人员以财物，没有获得不正当利益的，不是行贿。（1分）其中的"勒索"应作扩大解释，包含普通的"索取"。（1分）因此，本案中，钱某被国家工作人员李某"索取财物"，没有获得不正当利益，不是行贿。（1分）

（2）国家工作人员李某利用本人职权或者地位形成的便利条件（1分），欲通过其他国家工作人员职务上的行为，虚假承诺为请托人钱某谋取不正当利益，索取请托人钱某的财物，属于斡旋受贿，构成受贿罪（1分）；同时，李某亦属于隐瞒真相、虚构事实，使被骗人钱某陷入错误认识，并基于错误认识处分财物20万元，构成诈骗罪（1分），与前述受贿罪想象竞合，择一重罪论处（1分）。

[补充知识]

贪污罪、挪用公款罪、受贿罪

《刑法》

第382条 ［贪污罪］ 国家工作人员利用职务上的便利，侵吞、窃取、骗取或者以其他手段非法占有公共财物的，是贪污罪。

受国家机关、国有公司、企业、事业单位、人民团体委托管理、经营国有财产的人员，利用职务上的便利，侵吞、窃取、骗取或者以其他手段非法占有国有财物的，以贪污论。

与前两款所列人员勾结，伙同贪污的，以共犯论处。

第384条 ［**挪用公款罪**］ 国家工作人员利用职务上的便利，挪用公款归个人使用，进行非法活动的，或者挪用公款数额较大、进行营利活动的，或者挪用公款数额较大、超过3个月未还的，是挪用公款罪，处5年以下有期徒刑或者拘役；情节严重的，处5年以上有期徒刑。挪用公款数额巨大不退还的，处10年以上有期徒刑或者无期徒刑。

挪用用于救灾、抢险、防汛、优抚、扶贫、移民、救济款物归个人使用的，从重处罚。

第183条 ［**职务侵占罪**］ 保险公司的工作人员利用职务上的便利，故意编造未曾发生的保险事故进行虚假理赔，骗取保险金归自己所有的，依照本法第271条（职务侵占罪）的规定定罪处罚。

［**贪污罪**］ 国有保险公司工作人员和国有保险公司委派到非国有保险公司从事公务的人员有前款行为的，依照本法第382条（贪污罪）、第383条的规定定罪处罚。

第385条 ［**受贿罪**］ 国家工作人员利用职务上的便利，索取他人财物的，或者非法收受他人财物，为他人谋取利益的，是受贿罪。

国家工作人员在经济往来中，违反国家规定，收受各种名义的回扣、手续费，归个人所有的，以受贿论处。

第386条 ［**受贿罪的处罚规定**］ 对犯受贿罪的，根据受贿所得数额及情节，依照本法第383条（贪污罪的处罚规定）的规定处罚。索贿的从重处罚。

第388条 ［**斡旋受贿犯罪**］ 国家工作人员利用本人职权或者地位形成的便利条件，通过其他国家工作人员职务上的行为，为请托人谋取不正当利益，索取请托人财物或者收受请托人财物的，以受贿论处。

第389条 ［**行贿罪**］ 为谋取不正当利益，给予国家工作人员以财物的，是行贿罪。

在经济往来中，违反国家规定，给予国家工作人员以财物，数额较大的，或者违反国家规定，给予国家工作人员以各种名义的回扣、手续费的，以行贿论处。

因被勒索给予国家工作人员以财物，没有获得不正当利益的，不是行贿。

第390条 ［**行贿罪的处罚**］ 对犯行贿罪的，处3年以下有期徒刑或者拘役，并处罚金；因行贿谋取不正当利益，情节严重的，或者使国家利益遭受重大损失的，处

3年以上10年以下有期徒刑，并处罚金；情节特别严重的，或者使国家利益遭受特别重大损失的，处10年以上有期徒刑或者无期徒刑，并处罚金或者没收财产。有下列情形之一的，从重处罚：

（一）多次行贿或者向多人行贿的；

（二）国家工作人员行贿的；

（三）在国家重点工程、重大项目中行贿的；

（四）为谋取职务、职级晋升、调整行贿的；

（五）对监察、行政执法、司法工作人员行贿的；

（六）在生态环境、财政金融、安全生产、食品药品、防灾救灾、社会保障、教育、医疗等领域行贿，实施违法犯罪活动的；

（七）将违法所得用于行贿的。

行贿人在被追诉前主动交待行贿行为的，可以从轻或者减轻处罚。其中，犯罪较轻的，对调查突破、侦破重大案件起关键作用的，或者有重大立功表现的，可以减轻或者免除处罚。

1. 命题人关于贪污罪的行为方式的理解[1]

（1）侵吞：为了维护刑法的公平正义，当下的刑事司法应当严格限制适用"利用职务上的便利窃取、骗取公共财物"的规定，使贪污罪的中心内容仅限于国家工作人员将基于职务占有的公共财物据为己有的情形（侵吞或侵占）。

（2）窃取：命题人认为只有一种情形，亦即，当国家工作人员甲与国家工作人员乙共同占有公共财物时，甲或者乙利用职务上的便利窃取该财物的，才属于贪污罪中的"窃取"。除了"共同占有"，其他情形都不可能被评价为利用职务上的便利盗窃。

（3）骗取：命题人认为仅限于《刑法》第183条第2款规定的情形，《刑法》第183条第2款为法律拟制或者特别规定，即只有国有保险公司工作人员和国有保险公司委派到非国有保险公司从事公务的人员，才可能以骗取方式实施贪污罪，其他国家工作人员以骗取方式实施贪污罪的情形极为罕见。总之不能随意扩大以骗取方式实施贪污罪的成立范围，充其量只能将与《刑法》第183条第2款规定相当的行为类型认定为贪污罪。因此，虽然传统观点认为，国家工作人员

---

〔1〕 参见张明楷：《刑法学》（第6版），法律出版社2021年版，第1558、1559页。

谎报出差费用或者多报出差费用骗取公款的，成立贪污罪，但命题人认为，这种行为并没有利用职务上的便利，理应成立诈骗罪。

（4）其他手段：从逻辑上说，"其他手段"是指除侵吞、窃取、骗取以外的其他利用职务之便的手段。但事实上除此之外，极为罕见。

2. 挪用公款罪与贪污罪的最大区别在于行为人主观上是否具有"非法占有目的"，以下情形可以认为具有"非法占有目的"：

（1）行为人"携带挪用的公款潜逃的"，对其携带挪用的公款部分，以贪污罪定罪处罚；

（2）行为人挪用公款后采取虚假发票平账、销毁有关账目等手段，使所挪用的公款已难以在单位财务账目上反映出来，且没有归还行为的，应当以贪污罪定罪处罚；

（3）行为人截取单位收入不入账，非法占有，使所占有的公款难以在单位财务账目上反映出来，且没有归还行为的，应当以贪污罪定罪处罚；

（4）有证据证明行为人有能力归还所挪用的公款而拒不归还，并隐瞒挪用的公款去向的，应当以贪污罪定罪处罚。

3. 挪用公款罪中的"归个人使用"具体包括：

（1）将公款供本人、亲友或者其他自然人使用的。

（2）以个人名义将公款供其他单位使用的。这里的其他单位没有属性限制，是否谋取个人利益在所不问。

（3）个人决定以单位名义将公款供其他单位使用，谋取个人利益的。

4. 挪用公款罪中三种用途系包容评价关系，危害性从大到小依次为"非法活动""营利活动""其他活动"，同时原则上应根据客观的使用性质予以判断，如果出现认识错误，则坚持主客观相统一，在"轻"的范围内重合。

[例1] 国家工作人员为了购房而挪出公款，但因为房价上涨而没有购房，于是将公款用于赌博。对此，应认定为挪用公款进行非法活动。

[例2] 原本打算挪出公款赌博，但因为股市行情好而用于炒股的，应认定为挪用公款进行营利活动。

[例3] 原本打算挪出公款炒股，但直至案发时一直没有利用公款炒股的，应认定为挪用公款归个人使用进行其他活动。

5. 司法解释规定，具有下列情形之一的，应当认定为收受型受贿罪中的"为他人谋取利益"：

（1）实际或者承诺为他人谋取利益的；

（2）明知他人有具体请托事项的；

（3）履职时未被请托，但事后基于该履职事由收受他人财物的。

国家工作人员索取、收受具有上下级关系的下属或者具有行政管理关系的被管理人员的财物价值3万元以上，可能影响职权行使的，视为承诺为他人谋取利益。

6. 其他情形

（1）国家工作人员收受请托人财物后及时退还或者上交的，不是受贿，但是索取贿赂后退还或者上交的，依然成立受贿罪。"及时退还或者上交"是判断国家工作人员有无受贿故意的标准。

（2）国家工作人员受贿后，因自身或者与其受贿有关联的人、事被查处，为掩饰犯罪而退还或者上交的，不影响认定受贿罪。但需要注意的是，例如，国家工作人员收受请托人30万元现金后，因为担心被查处而悉数退还，后来认为风声已过，又向请托人索回已退还的30万元的，是认定为受贿30万元还是60万元？在这种场合，可以肯定的是，前一次收受30万元现金的行为已经既遂。问题在于后一次索回是不是新的受贿行为？对此，应综合考虑对方的请托事项的多少（是否只有同一请托事项），请托事项是否已经完成（是否仍有其他请托事项），退回的财物与索回的财物是否具有同一性，在单位行贿的场合退回时的接收者与索回时的对象是否具有同一性等因素，判断后一次索回是否构成新的受贿行为。如果得出肯定结论，就应当将前后两次受贿数额相加计算，在上例中认定为60万元。[1]

（3）国家工作人员收受财物后所获的孳息，不应计入受贿数额。

（4）国家工作人员收受财产性利益时，应当按获得财产性利益时的价值计算，而不应按行贿人实际支出的成本计算。

（5）对多次受贿未经处理的，累计计算受贿数额。

（6）国家工作人员利用职务上的便利为请托人谋取利益前后多次收受请托

---

[1]　参见张明楷：《刑法学》（第6版），法律出版社2021年版，第1610页。2023年刑法主观题考查了此考点。

人财物，受请托之前收受的财物数额在 1 万元以上的，应当一并计入受贿数额。

（7）国家工作人员出于贪污、受贿的故意，非法占有公共财物、收受他人财物之后，将赃款赃物用于单位公务支出或者社会捐赠的，不影响贪污罪、受贿罪的认定，但量刑时可以酌情考虑。

模拟案例题 8 （本题 30 分）

案情：

赵某杀害小 A 后，误以为小 A 已经死亡，遂电话叫来好友钱某。二人一起将小 A 抬至汽车的后座，由赵某开车，钱某坐在小 A 身边。开车期间，赵某不断地说"真不该一时冲动""悔之晚矣"。钱某告诉赵某既然小 A 已经死亡赶紧处理好逃离。赵某于是请求钱某挖坑并将小 A 埋入地下（致小 A 窒息身亡），赵某一直站在旁边没做什么，只是反复催促钱某动作快一点。（事实一）

后赵某、钱某二人找到小 B，以曝光小 B 与他人的不正当男女关系相要挟，让小 B 交付 5 万元。但小 B 当时没有 5 万元，赵某、钱某要求次日准备 5 万元届时来取，小 B 被迫同意。次日，赵某发微信向钱某表示不愿意再要钱了，而钱某不予理睬。赵某也没有采取其他措施阻止钱某的行为。钱某次日在向小 B 索要 5 万元的过程中，因接到自己女友的电话劝说而放弃敲诈勒索行为。（事实二）

某日，钱某又抱怨无钱花。赵某遂交给钱某一张储蓄卡，并告知密码。钱某问是谁的卡，赵某表示是自己向朋友小 C 借用的，尽管拿去用就是了。钱某没有说话，去商场刷卡消费 5 万元。事后查明，钱某明知该卡系赵某之前在公交车上盗窃被害人小 C 所得。（事实三）

不久，赵某为了索取自己的赌债唆使钱某非法拘禁小 D，钱某将小 D 控制在宾馆房间后，电话告知赵某消息。赵某在电话里向钱某交代："如果小 D 不老实，满嘴喷粪，尽管抽他耳光！"之后，赵某前往小 D 家向其妻子索要赌债。期间，小 D 骂骂咧咧，钱某打小 D 耳光，不慎导致其头部着地身亡。（事实四）

赵某、钱某被抓后，赵某主动交代其知悉的牌友孙某（国家工作人员）的一件事实：孙某是某区政府财政局会计，2022 年 3 月其挪用 50 万元公款准备用于赌博。后来由于儿子要出国留学需要学费，孙某遂将钱款打给儿子，并在 5 月份归还单位。（事实五）

问题：

1. 在事实一中，赵某、钱某的行为如何定性？如有不同观点，请说明理由。

2. 在事实二中，赵某、钱某的行为如何定性？

3. 在事实三中，赵某、钱某的行为如何定性？如有不同观点，请说明理由。

4. 在事实四中，赵某、钱某的行为如何定性？

5. 在事实五中，孙某的行为如何定性？

[参考答案]

1. 事实一

（1）赵某杀害小 A 后，误以为小 A 已经死亡，为毁灭罪证而将小 A 活埋导致其窒息死亡，属于事前的故意。（1分）对此现象的处理，主要有两种观点：

❶观点一：将赵某的前行为认定为故意杀人未遂，后行为认定为过失致人死亡，对二者实行数罪并罚。（1分）理由是，毕竟是因为后行为导致小 A 死亡，但赵某对后行为只有过失。（1分）

❷观点二：将赵某的行为认定为故意杀人既遂一罪。（1分）理由是，赵某的前行为与小 A 的死亡结果之间的因果关系并未中断，前行为与后行为具有一体性，故意不需要存在于实行行为的全过程。（1分）

（2）钱某对小 A 的死亡构成帮助毁灭证据罪与过失致人死亡罪，想象竞合。（1分）一方面，钱某误以为小 A 已经死亡，而实施掩埋行为，导致小 A 死亡，其主观上对于死亡具有过失，因此构成过失致人死亡罪；（1分）另一方面，与此同时，钱某明知该"尸体"系赵某的犯罪证据，而实施毁灭行为，构成帮助毁灭证据罪。（1分）

2. 事实二：虽然中止犯的成立以结果未发生为前提，但不要求中止行为与结果的不发生之间具有因果性（1分），所以，赵某自动中止了自己的行为（1分），虽然没有就切断自己的先前行为与结果之间的因果性，没有采取制止措施（1分），但钱某后来也中止犯罪，可以认为赵某、钱某均成立敲诈勒索罪中止（1分）。

3. 事实三

（1）赵某是盗窃信用卡，盗窃信用卡并使用的（1分），不管是自己直接使用还是让第三者使用，均应根据《刑法》第 196 条第 3 款的规定，认定为盗窃罪（1分），犯罪金额为 5 万元。

（2）钱某并没有与赵某就"盗窃信用卡并使用"存在通谋（1分），因此，对钱某的行为，存在如下两种观点：

❶观点一：如果认为"盗窃信用卡并使用"包括盗窃犯罪分子的同伙或者亲友明知信用卡是盗窃所得而使用（1分），那么，本案中，对钱某应按盗窃罪的共犯论

处（1分），犯罪金额为 5 万元。

❷ 观点二：如果认为不能仅因钱某知道信用卡为赵某盗窃所得而使用就认定其为盗窃罪的共犯（1分），因为钱某并没有盗窃的故意，只具有"冒用他人信用卡"的故意（1分），符合信用卡诈骗罪的条件，那么，对钱某应认定为信用卡诈骗罪（1分），犯罪金额为 5 万元。

4. 事实四：根据《刑法》第 238 条第 3 款的规定，为索取债务非法扣押、拘禁他人的，依照非法拘禁罪的规定处罚。（1分）因此，赵某、钱某为了索取赌债非法扣押小 D 的行为构成非法拘禁罪，赵某系教唆犯，钱某系实行犯。（1分）同时，关于钱某"打小 D 耳光，不慎导致其头部着地身亡"的行为，根据《刑法》第 238 条第 2 款有关"使用暴力致人死亡的，依照故意杀人罪的规定定罪处罚"的规定（1分），最终钱某构成故意杀人罪（1分）。而赵某唆使钱某对小 D 使用暴力，也适用此规定，对赵某也应按故意杀人罪论处。（1分）

5. 事实五：对挪用公款罪的三种用途的认定，原则上应根据客观的使用性质予以判断。（1分）本案中，孙某原本打算挪出公款 50 万元用于赌博，但事实上直至案发时一直没有用于赌博，而是将公款用于儿子的学费，应认定为挪用公款归个人使用进行"其他活动"（2分），即只有"挪用公款数额较大、超过 3 个月未还"方可构成挪用公款罪（1分），而孙某在挪出公款后 3 个月内予以归还，因此最终其不构成挪用公款罪（1分）。

模拟案例题 9 （本题 31 分）

案情：

无业青年小 A 正在窃取赵某停在路边的破旧自行车，刚吃完烧烤的赵某见状一掌将小 A 推往路边，小 A 一个趔趄倒地后头碰到坚硬的石块而身亡。（事实一）

赵某觉得摊上大事遂逃往外地。一日，赵某发现小 B 在水果摊挑水果，于是趁其不备将小 B 裤兜中的最新款苹果手机（价值 9000 余元）"顺走"放入自己的裤兜，但没有立即离开，而是假装也在挑水果。3 分钟后，赵某假装接电话走开，离开水果摊 30 米左右后，小 B 突觉不妙，指着赵某大叫"抓贼啦！"水果摊老板遂与小 B 一起上前欲抓捕赵某并拿回手机，赵某暴力反击，追了 1 公里左右，两人将手机抢回，但赵某逃脱。双方打斗中，小 B 受轻微伤。（事实二）

一无所获的赵某决心干一票大的。赵某为勒索财物绑架了小 C 的儿子小 D。由于小 D 一直哭闹不止，赵某担心被人发现，遂将小 D 活埋于农田的渣土中，并用石头压着小 D 的身体。小 D 被埋一夜后，于次日清晨被过路人救出（受轻伤）。但赵某并不知道小 D 被解救，仍然向小 C 通告勒索财物。小 C 见儿子小 D 平安回家，便整日悉心照料，对赵某的行为完全不予理会。（事实三）

另查明，赵某曾经趁着好友小 E 熟睡之际，用自己的手机 APP 登录小 E 的银行账号（事前知道小 E 常用的密码），给自己的银行卡偷偷转账 5000 元（转账时需要验证码，赵某趁着小 E 熟睡偷看到小 E 手机收到的验证码后删除信息）。（事实四）

问题：

1. 在事实一中，赵某致小 A 死亡的行为如何定性？如有不同观点，请说明理由。

2. 在事实二中，赵某的行为如何定性？如有不同观点，请说明理由。

3. 在事实三中，赵某的行为如何定性？如有不同观点，请说明理由。

4. 在事实四中，赵某转账 5000 元的行为，有观点认为构成盗窃罪，有观点认为构成信用卡诈骗罪，理由分别是什么？

[参考答案]

1. 在事实一中：

（1）观点一：根据一体说，若认为防卫过当只需"造成重大损害"即可（2分），赵某的防卫行为明显超过必要限度，造成了重大损害，属于防卫过当（1分）。如果赵某主观上针对小A的死亡具有过失，可以认定为过失致人死亡罪（1分），但应当减轻或者免除处罚。

（2）观点二：根据二分说，若认为防卫过当同时需要具备"明显超过必要限度"和"造成重大损害"（2分），由于赵某的防卫行为没有明显超过必要限度，即防卫行为不过当（1分），虽然造成了重大损害即小A的死亡，但仍然不属于防卫过当，应认定为正当防卫（1分）。

2. 在事实二中：赵某犯盗窃罪，为了抗拒抓捕、窝藏赃物而对小B、水果摊老板实施暴力，构成事后抢劫。（1分）但对赵某是否构成抢劫罪既遂，存在不同观点：

（1）观点一：通说认为，当先前的盗窃行为既遂时，即可认定事后抢劫的既遂。（1分）本案中，赵某在实施暴力之前已经成功取得对被盗财物手机的控制，构成盗窃罪既遂（1分），即使事后该手机被被害人夺回，也不影响抢劫罪既遂的认定（1分）。

（2）观点二：有力说认为，事后抢劫中先前的盗窃罪既遂不等于事后抢劫的既遂，只有当行为人最终取得了财物时，才成立事后抢劫既遂。（1分）本案中，虽然赵某在实施暴力之前已经成功取得对被盗财物手机的控制，构成盗窃罪既遂（1分），但事后该手机被被害人夺回，因此，其构成抢劫罪未遂（1分）。

3. 在事实三中：

（1）观点一（多数说）：赵某基于勒索小C财物的目的，以小C的儿子小D为人质相要挟，构成绑架罪。（1分）赵某欲杀害小D，但是小D并未死亡而是受轻伤。（1分）因此，赵某的行为应认定为普通绑架罪既遂与故意杀人罪（未遂）（1分），实行数罪并罚（1分）。

（2）观点二（少数说）：赵某基于勒索小C财物的目的，以小C的儿子小D为人质相要挟，构成绑架罪。（1分）赵某欲杀害小D，但是小D并未死亡而是受轻伤。（1分）但赵某的行为仍应认定为绑架罪一罪，在适用绑架罪中"犯绑架罪，杀害被绑架人，处无期徒刑或者死刑，并处没收财产"的法定刑基础上（1分），同时适用《刑法》关于未遂犯从轻、减轻处罚的规定（1分）。

4. 在事实四中：

（1）认为构成盗窃罪的理由是：《刑法》第196条第3款明确规定，盗窃信用卡并使用的，构成盗窃罪。（1分）此处的信用卡应该包括信用卡信息资料，诸如账号、密码之类。（1分）此外，赵某的行为全程未针对自然人使用（1分），亦不符合诈骗类犯罪的行为特征（1分），因此，赵某的行为构成盗窃罪。

（2）认为构成信用卡诈骗罪的理由是：根据司法解释的规定，"窃取、收买、骗取或者以其他非法方式获取他人信用卡信息资料，并通过互联网、通讯终端等使用"的行为（1分），应认定为"冒用他人信用卡"（2分），构成信用卡诈骗罪（1分）。因此，赵某的行为构成信用卡诈骗罪。

[补充知识]

量的防卫过当与假想防卫过当[1]

1. 量的防卫过当

防卫过当可以分为质的防卫过当与量的防卫过当。我国刑法理论与司法实践普遍承认的是质的防卫过当，即在存在正当防卫状况的前提下，防卫的强度超过了必要限度造成了重大损害的情形。量的防卫过当，是指超越正当防卫的时间界限，因而导致超过必要限度造成重大损害的情形。我国刑法理论与司法实践一般不承认量的防卫过当，但命题人极力主张承认量的防卫过当。

[例] 乙持铁棒对甲实施不法侵害，甲为了保护自己的身体而持刀砍乙，在乙受伤倒地后，因担心乙起来会继续侵害自己，甲继续用刀砍乙，导致乙死亡。事后证明，乙受伤倒地后已不可能再起身侵害甲。甲的行为应认定为事后防卫抑或防卫过当？

命题人认为由于甲的防卫行为样态、行为意思具有连续性与同一性，宜认定为一体化的防卫行为。但由于其造成了不应有的损害，故应认定为防卫过当（量的防卫过当），而不能认定为独立的普通故意杀人罪（事后防卫）。

（1）量的防卫过当符合我国《刑法》第20条第2款的规定。《刑法》第20条第2款规定的"必要限度"并没有局限于防卫强度与防卫结果的限度条件，完全可以包括时间限度条件，这在文理解释上没有障碍。对于量的防卫过当适用防

---

〔1〕 参见张明楷：《刑法学》（第6版），法律出版社2021年版，第284~286页。

卫过当的规定，不是只能免除处罚，而是也可能减轻处罚，因而也可以做到量刑适当。

（2）量的防卫过当具备防卫过当减免处罚的根据。

❶防卫人基于一个行为意志发动的防卫行为，只要在时间上、场所上具有持续性、一体性，就可以评价为一体化的防卫行为，而不应当进行人为的分割。

❷对于防卫人而言，判断不法侵害是否已经结束，在许多情况下是一件相当困难的事情。例如，有的不法侵害人表面上停止了不法侵害，实际上是在伺机进行更严重的不法侵害。由于这样的现象屡见不鲜，所以，不能要求防卫人随时停止防卫行为，或者说要求防卫人随时停止防卫行为的期待可能性减少。况且，即使是量的防卫过当，也是在精神紧张、慌乱的情形下造成的。此外，基于对不法侵害行为的愤怒等原因，在不法侵害结束后的短暂时间内持续实施防卫行为，可谓人之常情，法律不能对防卫人提出苛刻的要求。这些都说明，在量的防卫过当时，防卫人的责任减少。

2. 假想防卫过当

从防卫对象来说，防卫过当包括通常的防卫过当与假想防卫过当。假想防卫过当，是指本来不存在正在进行的不法侵害，行为人却误认为存在而实施防卫行为，但即使所误想的侵害是真实的侵害，防卫行为也明显超过必要限度的情形。

（1）虽然假想防卫本身要么仅成立过失犯罪，要么属于意外事件，但假想防卫过当既可能是过失，也可能是故意。例如，将他人的正当行为误认为盗窃行为，即使他人是在实施盗窃行为，也只需造成其轻伤，但行为人因为疏忽大意或者过于自信造成其重伤的，成立过失的假想防卫过当；如果行为人故意造成他人重伤，则成立故意的假想防卫过当。

（2）由于假想防卫过当并不符合《刑法》第20条第2款规定的防卫过当，故不能直接适用该款减免处罚的规定。但由于假想防卫过当与防卫过当具有部分类似性，也可能类推适用《刑法》第20条第2款的部分规定：

❶如果行为人对不法侵害事实与过当事实都没有过失，当然不成立犯罪；

❷如果行为人对不法侵害事实没有过失，但对过当事实有过失，应认定为过失犯罪，同时类推适用《刑法》第20条第2款减轻或者免除处罚的规定；

❸如果行为人对不法侵害事实有过失，对过当事实有故意，应认定为故意犯罪，同时类推适用《刑法》第20条第2款减轻处罚的规定，但不能免除处罚；

❹如果行为人对不法侵害事实没有过失，但对过当事实有故意，应认定为故意犯罪，同时类推适用《刑法》第 20 条第 2 款减轻处罚的规定，但不能免除处罚；

❺如果行为人对不法侵害事实与过当事实均有过失，应认定为过失犯罪，同时类推适用《刑法》第 20 条第 2 款减轻处罚的规定，但不能免除处罚；

❻如果行为人对不法侵害事实有过失，对过当事实没有责任，只能作为通常的假想防卫处理，同时类推适用《刑法》第 20 条第 2 款减轻处罚的规定，但不能免除处罚。

模拟案例题 **10**（本题 31 分）

案情：

赵某为勒索财物绑架小 A，在控制小 A 之后，赵某将真相电话告诉好友钱某，并委托钱某去找小 A 的父母要钱。钱某表示："这种事情很严重的，还是别干了吧！"赵某劝道："你只是要个钱，有啥严重的！"钱某无奈之下同意并恐吓小 A 父母要到赎金，赵某分给钱某 10 万元，以示谢意。（事实一）

不久，赵某又与钱某密谋抢劫他人。一日，两人在隐蔽路段控制住被害人小 B，并逼其交出储蓄卡和密码，并承诺只要 1 万元钱即可，只要小 B 不报警，会保证其安全。小 B 恐惧不已，答应两人的要求，并平安回家。赵某、钱某为安全起见，商定先不取钱，等 1 个星期后去往外地取钱。1 周后，小 B 并未报警，两人顺利在 ATM 机上取到现金，并将卡抛弃。（事实二）

在外地期间，赵某发现隔壁女邻居小 C 颇有姿色，遂准备趁着其洗澡之际潜入其家中偷看。同时让钱某在窗户外望风。赵某翻窗进入小 C 家卧室后，由于碰到东西惊动了小 C，小 C 见赵某闯入遂大喊报警。赵某赶紧上前摁倒小 C 欲抢走手机，小 C 激烈反抗，两人发生激烈撕扯。在此期间，钱某通过窗户看到赵某的行为但深信赵某能制服小 C，因此只是默默望风并无其他动作。赵某抢走小 C 手机后与钱某逃离，钱某假装对赵某的行为不知情。（事实三）

另查明，赵某曾经盗窃到一辆高档电瓶车后，为了安全起见，将电瓶车暂存于好友孙某处。1 个月后，赵某找孙某索要，孙某谎称："这么好的电瓶车果然容易被偷，又被偷啦！"赵某听罢，感觉孙某在撒谎，但又不敢报警，只能作罢。（事实四）

问题：

1. 在事实一中，赵某、钱某的行为如何定性？如有不同观点，请说明理由。
2. 在事实二中，赵某、钱某的行为如何定性？如有不同观点，请说明理由。
3. 在事实三中，赵某、钱某的行为如何定性？如有不同观点，请说明理由。
4. 在事实四中，有观点认为孙某的行为构成侵占罪，你赞同还是反对？各自的理由是什么?

[参考答案]

1. 在事实一中:

(1) 观点一:根据单一行为说,绑架罪的实行行为仅限于"绑架行为"(1分),勒索财物行为或者提出其他不法要求的行为并非绑架罪的实行行为(1分)。赵某的行为构成绑架罪当无疑问(1分),钱某虽然明知赵某的绑架行为但并未实质参与绑架行为,仅仅实施了敲诈勒索罪的行为(1分),因此,钱某仅构成敲诈勒索罪,与赵某在敲诈勒索罪的范围内成立共同犯罪(1分)。赵某前后行为分别构成绑架罪与敲诈勒索罪,系牵连犯,择一重罪,以绑架罪论处。(1分)

(2) 观点二:根据复合行为说,绑架罪的实行行为包括"绑架行为"与勒索财物行为或者提出其他不法要求的行为。(1分)本案中,赵某的行为构成绑架罪当无疑问(1分),钱某虽然并未实质参与绑架行为,但其实施了绑架后敲诈勒索的行为(1分),因此,钱某构成赵某绑架罪承继的共同正犯(1分),对两人均以绑架罪论处(1分)。

2. 在事实二中:

(1) 观点一:根据司法解释的规定,抢劫信用卡后使用、消费的,以行为人实际使用、消费的数额为抢劫数额。(2分)赵某、钱某通过压制被害人小B的反抗,获得其储蓄卡后实际取出现金1万元,仅认定为抢劫罪一罪,金额为1万元(1分)。

(2) 观点二:有观点认为,抢劫信用卡并在事后使用的,针对储蓄卡本身构成抢劫罪(1分),针对在ATM机上取出1万元的行为属于司法解释规定的"冒用他人信用卡"的行为,构成信用卡诈骗罪(1分),前后数罪并罚(1分)。

3. 在事实三中:

(1) 观点一:根据司法解释的规定,以侵害户内人员的人身、财产为目的,入户后实施抢劫的,应当认为"入户抢劫"。(1分)本案中,赵某虽然以侵害小C的人身权益为目的非法进入被害人小C家,并非为了实施抢劫,但是其行为仍属于入户抢劫(1分),同时吸收自身的非法侵入住宅罪(1分)。钱某属于入户抢劫的片面帮助犯与非法侵入住宅罪的帮助犯,想象竞合择一重,以入户抢劫的片面帮助犯论处(1分)。

(2) 观点二:有观点认为,入户抢劫必须以抢劫目的入户,否则不能认定为入户抢劫。(1分)本案中,赵某以侵害小C的人身权益为目的非法进入被害人小C家,并非为了实施抢劫,因此不属于入户抢劫。(1分)赵某的行为属于普通的抢劫罪与非法侵入住宅罪，数罪并罚。（1分）与此同时，钱某属于普通抢劫罪的片面的帮助犯与非法侵入住宅罪的帮助犯，想象竞合择一重，以普通抢劫罪的片面帮助犯论处。（1分）

4. 在事实四中：

（1）答案一：赞同。虽然孙某接受的是盗窃犯赵某的委托，但其受托占有的财物仍然是赵某的财物（2分），而且赵某事实上占有着该财物（1分），孙某的行为属于将自己占有的他人财物据为己有（2分），属于委托物侵占（1分），构成侵占罪。

（2）答案二：反对。虽然孙某接受的是盗窃犯赵某的委托，但赵某并不是财物的所有权人（1分）；既然如此，赵某与孙某之间就不存在任何形式的所有权人与受托人之间的委托关系，故孙某不属于委托物侵占（1分）。相对于原所有权人而言，该高档电瓶车属于脱离占有物（1分），孙某将该财物据为己有的行为属于侵占脱离占有物，构成侵占罪（1分），但由于孙某将该赃物据为己有也构成掩饰、隐瞒犯罪所得罪（1分），其可以吸收侵占罪，最终对孙某以掩饰、隐瞒犯罪所得罪论处（1分）。

模拟案例题 11（本题31分）

案情：

赵某为杀害仇人小 A 而埋伏在黑暗胡同。赵某发现有人经过，以为是小 A 而开枪，结果是经过现场的小 B 被击中死亡，同时其射出的子弹恰好击中了跑步经过附近的小 A 并致其死亡。（事实一）

赵某在清理现场血迹时，发现小 A 的钱包（内有 10 余张储蓄卡）并捡走，之后一直持有。赵某猜出了一张储蓄卡的密码，在银行柜台一共取款 10 万元，并在商场刷卡购买了价值 3 万元的笔记本电脑。李某知道真相后为赵某藏匿了电脑，并用 1 万美元兑换了赵某的 10 万元人民币。（事实二）

另查明，李某晨跑时，发现小 C 所戴手表昂贵且属于限量版，遂起非法占有的恶念。李某在路边随手捡起一块石头，一下将小 C 砸晕（失去知觉）。李某在撸手表时，发现远处有人跑过来，慌乱中只得将小 C 的腰包（内有手机和银行卡，手机价值 3000 元）取走。事后，李某打开小 C 的手机，发现小 C 的微信钱包无余额，遂将小 C 的银行卡（银行卡背面有密码）绑定在其微信上，将其卡内 2 万元转入微信钱包，李某再将此 2 万元转入自己的微信钱包。不久，李某将银行卡交给与小 C 相貌近似的赵某，并谎称系自己捡拾，让赵某去商场刷卡消费了 3 万元。（事实三）

赵某担心自己的犯罪行为案发，遂找到其亲戚财政局局长王某，并告知其真相，希望王某替自己向公安局局长张某说情。王某虽然没有为赵某办事的意思，但仍然作出虚假承诺。2 天后，赵某被抓捕。案发后，王某承认自己收受了赵某20 万元现金，但赵某声称系因王某勒索而给予其现金，王某声称系赵某主动交付现金。（事实四）

问题：

1. 在事实一中，赵某针对小 A、小 B 的行为在理论上被称为什么？存在哪些不同观点？请分别说明理由。

2. 在关于事实二中，赵某的行为成立哪些犯罪？如何评价？李某的行为成立何罪？是否存在不同观点？

3. 在关于事实三中，李某、赵某的行为应如何评价？如果存在不同的处理意见，请分别说明理由。

4. 在关于事实四中，赵某、王某的行为应如何评价？请说明理由。

[参考答案]

1. （1）赵某误将小 B 当作小 A 而实施杀人行为，属于具体事实认识错误中的对象错误。（1 分）无论按法定符合说还是具体符合说（1 分），赵某针对小 B 都成立故意杀人罪既遂。

（2）赵某意图杀死小 A，但其杀人行为指向的是特定对象小 B；因行为的偏差打死小 A，属于具体事实认识错误中的方法错误（打击错误）。（1 分）对其性质具有不同的观点：

❶观点一：按照法定符合说中的数故意说（1 分，通说），赵某客观上实施了杀小 A 的行为，主观上具有杀人故意，而且赵某对其杀人行为引起他人死亡的结果总是具有杀人故意（1 分），故赵某成立故意杀人罪既遂（与针对小 B 的故意杀人罪属于想象竞合犯）。

❷观点二：按照法定符合说中的一故意说（1 分，少数说），虽然赵某有杀人行为，也有杀人故意，但赵某仅对其行为直接指向的小 B 存在杀人故意，对其他人的死亡不存在犯罪故意（1 分）。因此，赵某对小 A 的死亡不成立故意杀人罪，但赵某至少存在过失心理，应以过失致人死亡罪论处（与针对小 B 的故意杀人罪属于想象竞合犯）。

❸观点三：按照具体符合说（少数说），赵某虽然针对小 A 存在具体的杀人行为，但行为当时赵某仅针对特定人小 B 实施了杀人行为并具有杀人故意；赵某对其他结果的发生缺乏具体的认识，对于小 A 的死亡结果（1 分），赵某不成立故意杀人罪，仅成立过失致人死亡罪（1 分）（与针对小 B 的故意杀人罪属于想象竞合犯）。

2. 至于赵某杀人后，在现场临时起意取走小 A 的钱包以及之后使用储蓄卡的行为，对其性质存在不同观点：

（1）观点一：即使小 A 已经死亡，但其钱包仍然属于小 A 占有（1 分），或者属于小 A 的继承人占有，故赵某违反占有人意志，转移财物占有的行为属于盗窃行为（1 分）。赵某之后非法持有小 A 的多张储蓄卡的行为成立妨害信用卡管理罪。赵某之后持卡在银行柜台取款的行为以及在商场刷卡消费的行为，都属于"盗窃信用卡并使用"的情形（1 分），应以盗窃罪追究刑事责任，并与妨害信用卡管理罪并罚。

（2）观点二：由于小 A 已经死亡，小 A 不可能占有其财物，该财物属于遗忘物。（1分）赵某将小 A 的钱包据为己有的行为，属于拾得他人遗忘物的情形（1分），属于侵占行为。赵某之后非法持有小 A 多张储蓄卡的行为，成立妨害信用卡管理罪。赵某之后持卡取款和刷卡消费的行为，属于冒用他人信用卡的情形，成立信用卡诈骗罪，与妨害信用卡管理罪并罚。（1分）

（3）无论按照观点一还是观点二，即无论认定赵某成立盗窃罪还是信用卡诈骗罪，李某知道真相为赵某藏匿电脑的行为均成立掩饰、隐瞒犯罪所得罪。（1分）但对于李某用 1 万美元兑换赵某犯罪所得的 10 万元的行为性质，则存在不同观点：

❶ 如果认为赵某取得 10 万元成立信用卡诈骗罪，或者认为洗钱罪的上游犯罪是指犯罪行为而非罪名，则李某兑换货币的行为成立洗钱罪（1分），同时触犯掩饰、隐瞒犯罪所得罪，属于想象竞合犯；相应地，赵某兑换货币的行为同样成立洗钱罪，与其他犯罪应当并罚（1分）。

❷ 如果认为赵某取得 10 万元成立盗窃罪，并且认为洗钱罪的上游犯罪是指具体的罪名而非行为，则李某兑换货币的行为成立掩饰、隐瞒犯罪所得罪，不成立洗钱罪。（1分）

3.（1）关于李某：

李某以非法占有手表的目的，对小 C 实施了暴力行为，达到了足以压制其反抗的程度，成立抢劫罪。李某在压制小 C 反抗之后，行为对象转换，只取得了小 C 的腰包，对其行为性质存在不同观点：

❶ 观点一：手机、银行卡、手表均属于财物，应当统一评价。（1分）李某压制小 C 反抗后，强取小 C 的腰包，依然成立抢劫罪既遂一罪，即李某抢劫手机、银行卡的行为成立抢劫罪。因为银行卡背后写着密码，李某抢劫银行卡后使用的行为，根据司法解释的规定，依然成立抢劫罪。（1分）最终，李某抢劫罪的犯罪数额为 5.3 万元。

❷ 观点二：李某实施暴力行为时仅有抢劫手表的故意，故李某压制小 C 反抗后因意志以外的原因未抢到手表的行为，成立抢劫罪未遂。（1分）李某在小 C 失去反抗之后，临时另起犯意，利用小 C 不知、不能反抗之际取走其腰包（内有手机和银行卡），成立盗窃罪。之后李某将小 C 银行卡账号绑定在小 C 微信账户的行为，不可能造成财产损失，不成立犯罪，但李某利用小 C 微信账户将其中余额转走的行为，成立盗窃罪，或者根据司法解释的规定，此行为属于"冒用他人信用卡的行为"，构成信用卡诈骗罪。（1分）此外，李某将银行卡交给赵某，指使其使用，属于"盗窃

信用卡并使用"的情形,按照《刑法》第196条第3款的规定,成立盗窃罪。(1分)

(2)关于赵某:无论认定李某使用银行卡的行为成立抢劫罪还是盗窃罪,赵某使用银行卡去商场刷卡消费的行为均成立信用卡诈骗罪。(1分)理由在于,赵某未认识到该银行卡是李某抢劫或者盗窃所得,不成立抢劫罪或者盗窃罪的共犯,但赵某误以为该银行卡是李某捡拾所得而去商场刷卡消费,属于"冒用他人信用卡"的情形,成立信用卡诈骗罪(1分),犯罪数额为3万元。

4.(1)对王某的行为分析如下:国家工作人员王某利用职权或者地位形成的便利条件,接受赵某财物,承诺为其谋取不正当利益,成立斡旋方式的受贿罪既遂。(1分)即使之后王某没有为赵某谋取到不正当利益,也不影响受贿罪既遂的认定。但王某的行为属于索贿还是被动收受贿赂,证据存疑,按照存疑时有利于行为人的原则(1分),疑罪从轻,不能认定为索取贿赂的情节(从重处罚情节),但至少能够证明王某非法收受财物,仍然成立受贿罪(1分)。

(2)对于赵某的行为分析如下:如果赵某系被勒索而给予国家工作人员王某财物,因其未获得不正当利益,按照《刑法》第389条第3款的规定,赵某不成立行贿罪(1分);如果赵某系为谋取不正当利益而主动给予王某财物,则赵某成立行贿罪。当证据存在疑问,无法证明赵某是否因被勒索而给予王某财物的,按照存疑时有利于行为人的原则,应认定赵某因被勒索而给予王某财物,因赵某未获得不正当利益,故其不成立犯罪(1分)。

本案中,认定行贿者赵某被索取贿赂,与认定受贿者王某非法收受贿赂,与存疑时有利于行为人的原则并不矛盾。

[补充知识]

洗钱罪与掩饰、隐瞒犯罪所得、犯罪所得收益罪

《刑法》

第191条 [洗钱罪] 为掩饰、隐瞒毒品犯罪、黑社会性质的组织犯罪、恐怖活动犯罪、走私犯罪、贪污贿赂犯罪、破坏金融管理秩序犯罪、金融诈骗犯罪的所得及其产生的收益的来源和性质,有下列行为之一的,没收实施以上犯罪的所得及其产生的收益,处5年以下有期徒刑或者拘役,并处或者单处罚金;情节严重的,处5年以上10年以下有期徒刑,并处罚金:

(一)提供资金帐户的;

(二)将财产转换为现金、金融票据、有价证券的;

(三)通过转帐或者其他支付结算方式转移资金的;

（四）跨境转移资产的；

（五）以其他方法掩饰、隐瞒犯罪所得及其收益的来源和性质的。

单位犯前款罪的，对单位判处罚金，并对其直接负责的主管人员和其他直接责任人员，依照前款的规定处罚。

第 312 条［掩饰、隐瞒犯罪所得、犯罪所得收益罪］ 明知是犯罪所得及其产生的收益而予以窝藏、转移、收购、代为销售或者以其他方法掩饰、隐瞒的，处 3 年以下有期徒刑、拘役或者管制，并处或者单处罚金；情节严重的，处 3 年以上 7 年以下有期徒刑，并处罚金。

单位犯前款罪的，对单位判处罚金，并对其直接负责的主管人员和其他直接责任人员，依照前款的规定处罚。

根据 2009 年 11 月 4 日《最高人民法院关于审理洗钱等刑事案件具体应用法律若干问题的解释》的规定：

（1）被告人将《刑法》第 191 条（洗钱罪）规定的某一上游犯罪的犯罪所得及其收益误认为《刑法》第 191 条规定的上游犯罪范围内的其他犯罪所得及其收益的，不影响《刑法》第 191 条规定的"明知"的认定。

（2）明知是犯罪所得及其产生的收益而予以掩饰、隐瞒，构成《刑法》第 312 条（掩饰、隐瞒犯罪所得、犯罪所得收益罪）规定的犯罪，同时又构成《刑法》第 191 条或者第 349 条（窝藏、转移、隐瞒毒品、毒赃罪）规定的犯罪的，依照处罚较重的规定定罪处罚。

（3）《刑法》第 191、312、349 条规定的犯罪，应当以上游犯罪事实成立为认定前提。上游犯罪尚未依法裁判，但查证属实的，不影响《刑法》第 191、312、349 条规定的犯罪的审判。

（4）上游犯罪事实可以确认，因行为人死亡等原因依法不予追究刑事责任的，不影响《刑法》第 191 条、第 312 条、第 349 条规定的犯罪的认定。

（5）上游犯罪事实可以确认，依法以其他罪名定罪处罚的，不影响《刑法》第 191 条、第 312 条、第 349 条规定的犯罪的认定。

［注意］《刑法修正案（十一）》出台之后，"自洗钱"构成洗钱罪，但由于缺乏期待可能性，不构成掩饰、隐瞒犯罪所得、犯罪所得收益罪。

模拟案例题 12（本题 31 分）

案情：

身无分文的甲、乙二人共谋"碰瓷"骑摩托车的人，并趁机骑走摩托车。在乙 16 周岁生日当天晚上，甲在马路边故意撞上小 A 所骑摩托车（价值 1 万元），声称自己肋骨被撞断，要求小 A 支付医疗费 4000 元。小 A 信以为真，遂与甲就赔偿费讨价还价。旁边的乙趁小 A 下车与甲讨论之际，按照之前的分工迅速骑走小 A 的摩托车，甲也快速坐上摩托车。身体斜靠着摩托车的小 A 当即摔倒在地，但迅速反应过来，起身后欲抓住甲，阻止两人逃跑，但未抓着。甲、乙两人骑着摩托车往前跑，小 A 捡起路边的钢筋棍随即追赶，甲、乙为了摆脱小 A，蛇形驾驶摩托车，摩擦导致路边铁皮栅栏倒塌，刚好砸到后面追赶的小 A（小 A 受重伤）。小 A 在倒地时，将自己的手中的钢筋棍朝甲、乙砸过去，结果将甲砸成轻伤，但同时将旁边看热闹的小 B 砸成重伤。事后查明，乙在甲不知情的情况下，腰间一直藏着一把匕首，以防不测。（事实一）

次日凌晨，乙将摩托车停在一修理店维修。几天后，甲按照乙的指示去修理店取车，发现修理店老板丙（不知该摩托车系乙盗窃所得）擅自以 5000 元的价格将摩托车谎称自己所有卖给了他人。甲恼羞成怒在未与乙商量的情况下决心报复丙，遂前往维修店强行控制丙的儿子小 C，当场向丙索要 30 万元，否则将杀害小 C。丙表示需要 3 天凑钱，甲遂将小 C 带回自己与乙共同住处的一个房间单独关押。因小 C 不停哭泣，甲决意杀死小 C。甲趁乙睡觉之际，进入关押小 C 的房间，用杠铃猛砸小 C 头部。甲误以为小 C 已经死亡（重伤昏迷而已），遂对被响动惊醒的乙说："这孩子想跑，我不慎将他打死了。"乙此时方知小 C 在房间。甲要求乙与自己去郊外掩埋尸体。甲在挖坑掩埋时，乙发现小 C 尚有呼吸，但没吭声，而是催促甲动作快点，最终小 C 被掩埋窒息死亡。（事实二）

乙事后深感恐惧，向甲表示自己不想再干坏事，回家后就去外地打工了。甲继续向丙索要 30 万元，丙勉强凑了 2 万元转到了甲提供的银行卡账户上。事后甲找到好友丁，告知了丁真相，指使丁去银行 ATM 机上取出现金 2 万元，甲将其作为丁的劳务费而赠与丁，但要求丁后续仍然帮助取款。丙事后知道儿子小 C 已经死亡，悲痛欲绝决定不再付钱，遂打听甲的住处，然后匿名给甲邮寄了一瓶有毒的可乐。快递员送到甲的家中，因甲不在家，正好在甲家中玩耍的小 D 收取可乐，随即饮用，经抢救无效而死亡。（事实三）

几年后，乙因涉嫌其他犯罪被抓获，其主动交代了之前和甲一起夺取小 A 的摩托车行为，但乙一直声称自己当时未达到法定年龄而不成立犯罪。乙同时提供了甲当时任职的公司地址和家庭地址，公安机关据此抓获了甲。在司法机关侦查甲的犯罪事实时，小 A 为了让甲受到更严重的刑罚处罚，向公安机关谎称甲、乙不仅夺走了自己的摩托车，还抢劫了自己价值 3 万元的手表。（事实四）

问题：

1. 请分析事实一中甲、乙的行为性质与刑事责任，并说明理由。

2. 请分析事实二中甲、乙、丙的行为性质与刑事责任，并说明理由。

3. 请分析事实三中甲、丙、丁的行为性质与刑事责任，并说明理由。

4. 请分析事实四中乙、丙、小 A 的行为性质与刑事责任，并说明理由。

[参考答案]

1.（1）甲、乙以非法占有为目的，意图骗取小 A4000 元，但因意志以外的原因未得逞，成立诈骗罪未遂。（1分）其中，乙因未达到刑事法定年龄（16 周岁），对诈骗罪不负刑事责任。（1分）

（2）甲、乙共谋夺取小 A 的摩托车，具有致使小 A 伤亡的可能性，成立抢夺罪既遂的共犯。（1分）因事后证明乙属于携带凶器抢夺，对其应以抢劫罪既遂论处（1分），同时因其属于未成年人，应当从轻、减轻处罚。

（3）甲、乙在逃跑过程中致使小 A 摔成重伤的行为，不属于事后抢劫，因为甲并未为窝藏赃物、抗拒抓捕或者毁灭罪证而当场故意对小 A 实施暴力或者以暴力相威胁（1分）。甲、乙过失导致小 A 重伤，成立过失致人重伤罪（1分），应与诈骗罪未遂、抢夺罪既遂数罪并罚。

（4）甲、乙的抢夺行为虽然既遂，但在小 A 现场发现并随后追赶期间，视为甲的不法侵害正在进行，故小 A 导致甲轻伤的行为属于防卫行为，没有明显超过必要限度造成重大损害，不属于防卫过当，成立正当防卫。（1分）

（5）对小 A 砸伤小 B 的行为的性质，存在不同观点（写两种即可）：

❶观点一：小 A 在具有防卫意图的情况下实施其行为，其行为性质不会随着行为对象或者结果而改变，其行为属于正当防卫（1分）。

❷ 观点二：无关第三人小 B 的身体健康值得保护，小 A 砸伤小 B 属于违法行为。小 A 在具有防卫意图的情况下实施该行为，成立假想防卫（1分），虽不成立故意犯罪，但可能成立过失致人重伤罪或者意外事件。

2. （1）丙将摩托车擅自出售的行为，成立侵占罪，但不是针对甲、乙，而是针对原所有者小 A 的遗忘物的侵占（1分）。同时，对于丙出售摩托车取得第三人5000元的行为是否成立诈骗罪，存在两种观点：①如果认为第三人善意取得摩托车，即不存在财产损失（1分），则丙不成立诈骗罪；②如果认为第三人不能善意取得摩托车，即存在财产损失（1分），则成立诈骗罪，数额为5000元，与侵占罪属于想象竞合犯，从一重罪论处（1分）。至案发时，两罪均已过追诉时效，不追究刑事责任。

（2）甲实力控制小 C，将其作为人质，成立绑架罪既遂，同时以杀害小 C 相威胁，要丙交付钱财但未得逞，成立抢劫罪未遂，与绑架罪属于想象竞合犯（1分），以重罪绑架罪论处。

（3）甲绑架小 C 后杀害小 C，并致其死亡的行为，存在事前故意。对此，存不同的处理意见：

❶ 观点一：甲的杀人行为与小 C 的死亡之间存在刑法上的因果关系，只是存在因果关系错误，不影响犯罪故意的认定。因此，结合甲的绑架行为，甲属于"绑架并杀害被绑架人"（1分），以绑架罪的加重情节论处，处无期徒刑或者死刑，并处没收财产。

❷ 观点二：甲的杀人行为与小 C 的死亡之间不存在刑法上的因果关系，其致使小 C 死亡的行为单独成立过失致人死亡罪，应与其他犯罪数罪并罚。（1分）针对甲绑架后故意杀害小 C 并致其重伤的行为，因杀人符合伤害的构成要件，故应认定为属于绑架罪中"伤害被绑架人致其重伤"的加重情节。（1分）

（4）乙未参与甲的绑架行为，不成立甲绑架罪的共犯。（1分）但乙参与了甲致使小 C 死亡的违法行为，成立故意杀人罪。但对其存在不同的处理意见：

❶ 观点一：如果认为甲的杀人行为与小 C 的死亡具有因果关系，甲成立故意杀人罪既遂，则乙成立故意杀人罪既遂的片面帮助犯（1分），属于从犯，应当从轻、减轻或者免除处罚。

❷ 观点二：如果认为甲的杀人行为与小 C 的死亡之间不具有因果关系，甲对小 C 的死亡仅成立过失致人死亡罪，则乙利用了甲的过失行为剥夺了小 C 的生命，成立故意杀人罪既遂的间接正犯。（1分）

3.（1）当小C死亡后，甲以绑架为名继续向丙索要20万元"赎金"，成立诈骗罪，该行为同时构成敲诈勒索罪，属于想象竞合犯（1分），从一重罪论处。但对两罪的犯罪情节与法定刑的适用，则存在不同的处理意见：

❶ 观点一：数额巨大属于违法类型，存在未遂的问题（1分），故甲的行为成立数额巨大（20万元）未遂与数额较大（2万元）既遂，从一重情形论处。

❷ 观点二：数额巨大属于量刑规则，不存在未遂问题（1分），故甲的行为仅成立数额较大（2万元）的既遂。

（2）丁明知甲诈骗或者敲诈勒索取得财物2万元，而为其取出现金的行为，成立掩饰、隐瞒犯罪所得罪（1分）。

（3）丙以杀人故意实施杀人行为，成立故意杀人罪。但对其存在不同的处理意见：

❶ 观点一：丙以杀人故意邮寄有毒饮料，属于杀人着手，对甲成立故意杀人罪未遂。因行为偏差，丙的行为导致小D死亡，属于方法错误。（1分）按照法定符合说中的数故意说，丙成立故意杀人罪既遂，与针对甲的故意杀人罪未遂属于想象竞合犯；按照法定符合说中的一故意说或者具体符合说，丙对小D的死亡成立过失致人死亡罪，与针对甲的故意杀人罪未遂属于想象竞合犯。（1分）

❷ 观点二：丙以杀人故意邮寄有毒饮料仅为预备行为。只有当被害人收到饮料将要饮用时，丙的行为才具有致死的具体、紧迫危险，才属于杀人的着手。即丙在着手杀人时误将小D当作甲毒死，属于对象错误（1分），无论按照法定符合说还是具体符合说，丙对小D均成立故意杀人罪既遂（1分）。

4.（1）乙被抓获后如实供述司法机关尚未掌握的本人抢劫行为，成立特别自首（1分），可以从轻、减轻处罚。

（2）乙提供犯罪后知晓的甲的藏匿地址和联系方式，协助司法机关抓捕了甲，属于立功（1分），可以从轻、减轻处罚。

（3）小A捏造甲的虚假犯罪事实，意图使其受到更严重的刑事处罚，成立诬告陷害罪，同时成立伪证罪，属于想象竞合犯，应从一重罪论处。（1分）

[补充知识]

着手的判断[1]

我国刑法理论一般认为，着手是实行行为的起点，标志着犯罪行为进入了实

---

〔1〕 参见张明楷：《刑法学》（第6版），法律出版社2021年版，第439~445页。

行阶段，表明行为人所实施的行为是实行行为。关于着手及其认定，有如下观点：

1. 形式的客观说认为，着手以实施一部分符合构成要件的行为（显示构成要件特征的行为）为必要，而且以此为足。

2. 实质的客观说分为实质的行为说与结果说。

（1）实质的行为说认为，开始实施具有实现犯罪的现实危险性的行为时就是着手。与形式的客观说一样，实质的行为说基本上重视行为本身的法益侵害性。

（2）实质的结果说（通说）则认为，当行为发生了作为未遂犯的结果的危险性（危险结果）时，即侵害法益的危险达到紧迫程度时，才是着手。结果说重视结果的法益侵害性。

3. 几种类型的犯罪的着手

不可否认的是，实质的行为说、结果说与形式的客观说，就具体的犯罪而言，大多得出的是相同结论。但是，在隔离犯、间接正犯、不作为犯等场合，会得出不同的结论。

（1）隔离犯的着手。例如，行为人通过邮局将毒药寄给外地的某人，希望某人饮用后死亡。实质的行为说一般认为，行为人在寄送毒药时就已经着手，因为该行为本身具有致人死亡的危险（寄送主义）。但结果说往往认为，只有当被害人收到毒药或者开始饮用毒药时才产生紧迫的危险，此时才能认定为着手（到达主义）。

（2）间接正犯的着手

❶形式的客观说、实质的行为说认为，作为幕后者的间接正犯者（利用者）所实施的利用行为就是实行行为，所以，实施利用行为时就是间接正犯的着手。

❷结果说认为，只有当被利用者开始实施导致结果发生的行为，进而产生法益侵害的紧迫危险时，才是间接正犯的着手。例如，甲令精神病患者乙窃取他人财物的，只有当乙现实地开始盗窃他人财物时，才能认定甲着手实行盗窃。

（3）原因自由行为的着手

❶形式的客观说、实质的行为说认为，行为人为了杀人而开始实施使自己处于无责能力状态的行为（如饮酒行为）时，就是故意杀人罪的着手。这种观点导致行为人饮酒后一醉不起的情形也成立故意杀人罪的未遂犯，但这一结论难以令人赞成。

❷结果说认为应当以行为人实施结果行为、造成了危险结果时为着手。

（4）不真正不作为犯的着手

❶形式的客观说、实质的行为说认为，在行为主体（作为义务人、保证人）具有作为可能性的最初阶段认定着手，因为对行为主体的命令存在于可以防止结果发生的最初阶段。例如，母亲为了使婴儿饿死而首次不喂奶时，就是着手。

❷结果说认为延迟履行作为义务，给被害人造成直接危险或者使原来的危险增大时，才构成未遂，所以，在法益面临急迫并具体的危险时仍然不作为而导致结果可能发生时，就是不真正不作为犯的着手。例如，母亲为了使婴儿饿死而不喂奶的，在因为不喂奶而导致婴儿的生命产生紧迫危险时，就是故意杀人罪的着手。

（5）一连串行为的着手。行为人为了实现构成要件的结果，计划了一连串的行为时，应当如何认定着手？例如，甲为了杀害乙，计划首先将乙关在房间里，然后利用煤气使乙昏迷，最后勒乙的脖子。对此，应当在什么时间点认定为杀人的着手？再如，A为了使B体内积累毒素而死亡，打算分四次向B的食物中投放毒药。能否认定第一次投放毒药时就是着手？对此，结果说认为，首先要判断行为从什么时候起具有导致结果发生的紧迫危险，其次要判断行为人是否认识到该行为会导致结果发生。只要行为具有导致结果发生的紧迫危险，就应认定为着手，而不能完全按照行为人的计划认定着手。据此，上述甲将乙关在房间时还不是杀人的着手，但利用煤气使乙昏迷时，则是杀人的着手。同样，如果A第一次投毒行为就有致人死亡的紧迫危险，就应认定第一次投毒时已经是杀人的着手；如若第一次只是投放了微量毒药，不足以致人死亡，则不能认定为着手，因而需要判断第二次投毒行为的危险性，然后得出妥当结论。

图书在版编目（ＣＩＰ）数据

主观题专项突破：刑法观点展示/卢杨编著. —北京：中国政法大学出版社，2024.5
ISBN 978-7-5764-1464-6

Ⅰ.①主… Ⅱ.①卢… Ⅲ.①刑法－中国－资格考试－自学参考资料 Ⅳ.①D924.04

中国国家版本馆 CIP 数据核字(2024)第 097435 号

出 版 者　　中国政法大学出版社

地　　址　　北京市海淀区西土城路 25 号

邮寄地址　　北京 100088 信箱 8034 分箱　　邮编 100088

网　　址　　http://www.cuplpress.com (网络实名：中国政法大学出版社)

电　　话　　010-58908285(总编室) 58908433 （编辑部） 58908334(邮购部)

承　　印　　三河市华润印刷有限公司

开　　本　　720mm×960mm　　1/16

印　　张　　12.5

字　　数　　230 千字

版　　次　　2024 年 5 月第 1 版

印　　次　　2024 年 5 月第 1 次印刷

定　　价　　63.00 元

2024年主观88天冲关班

厚大网授

*全程督学　*任务清单　*专属答疑　*人工批阅
*考点带背　*三位一体　*专项提升

◎ 人工精批
◎ 主观突破
◎ 应试好课
◎ 带写带练

课程特色　课程时间：8月中旬–10月14日

精选高质量模拟大案例

15道人工一对一精细化批阅

考点带背梳理知识体系

三位一体多轮巩固

2024年主观二战
考前**88**天
冲关班
厚大法考

核心要点巩固	知识法条案例	考点带背梳理	人工精细批阅	考前预测梳理
筑地基	促输出	理脉络	稳提升	强聚焦

阶段设置

第一阶段	第二阶段	第三阶段
考点带背梳理	大案例带写特训	专项提升

第四阶段	第五阶段
三位一体	考前预测模拟

普通模式
扫码购买了解详情

协议模式
扫码购买了解详情

2024年主观圆梦班

*主观题圆梦班普通模式：4980

*主观题圆梦班VIP模式：6980

*主观题圆梦班退费模式：7980【2024年主观题不过全退】

课程 6月中旬-主观题考前

全考点精讲 练、测、改闭环提升

民商事融合 超高分值科目专项突破

小灶再梳理 共性疑难问题在再拆解

直播带练写 解密主观答题技巧

辅导

· 讲师人工批改 ·
逐句精细化批改

· 每日学习规划 ·
备考有节奏有重点

· 不限次数答疑 ·
◎平台答疑 ◎直播答疑 ◎群内答疑

主观圆梦VIP模式
扫码购买了解详情

主观圆梦普通模式
扫码购买了解详情

主观圆梦退费模式
扫码购买了解详情

模式 / 服务	主观圆梦班·普通模式	主观圆梦班·退费模式	主观圆梦班·VIP 模式
班级群人数	30 人 / 群	30 人 / 群	20 人 / 群
讲师入群答疑	1 位讲师入群答疑	1 位讲师入群答疑	7 科讲师入群答疑
案例人工批改	50 道	50 道	70 道
小组单科抽背	✗	✗	每科 /1 次
小案例选修课	✓	✓	✓
考前模拟测试	✓	✓	✓
考前密押三页纸	✓	✓	✓
班主任动态督学	✓	✓	✓
协议模式	✗	不过全退	✗